m o n a d s h i n s h o

モナド新書 010

官僚階級論

霞が関《リヴァイアサン》といかに闘うか

佐藤 優

にんげん出版

m o n a d s h i n s h o

官僚階級論　プロローグ

官僚を「階級」とみることで可視化されるもの

官僚を「階級」という概念でとらえる試みについて、多少違和感をもつ読者がいるかもしれない。「階級」の概念は、マルクス主義の論理構成の基礎をなしている。それだけに、資本家・地主・労働者を三大階級とする『資本論』の定義から逸脱《いつだつ》する援用だといわれるかもしれない。

しかし筆者は、官僚をある利害にもとづく一つの階級とみる視点を導入することで、多くのことが可視化されてくると考えている。

官僚という集団がいかなる利害関係のうえに成り立っているのか、そこに着目することによって、あらたな角度から国家を解き明かすことができる。

筆者はこれまで、自分が官僚であったことから、またその立場において得た経験から、国家の意味を考察する著作を数多く世に問うてきたが、そこでは官僚の実態を読者に伝えることが中心であったため、なぜ官僚が存在するのか、さらに官僚とはなにかについて理論的に十分検討していなかったと思う。本書では、官僚の発生と習性がいかなる原理によって生じるのかを、マルクス、仲原善忠《なかはらぜんちゅう》、ハーバーマス、バルト、柄谷行人《からたにこうじん》を手がかりに考察していくことにしたい。

官僚階級とはなにか

官僚は、みずからの延命のために国民から税を徴収する階級である。軍人であれ、財務官僚であれ、外務官僚であれ、警察官僚であれ、その本質に変わりはない。どんな職種の官僚であれ、官僚は自分の業務が、国民にとって不可欠であり、もっと大きな資源配分（税の徴収と投入）を受けるべきだと考えている。職種は違っても、自身の業務を正当化する理屈の根幹にあるのが「公のため」「国益のため」であることに変わりはない。

そのような官僚の習性そのものが悪いというのではない。むしろ、まじめに仕事をしている官僚であれば、当然もつ欲求だ。しかし、それにもとづく集団的な判断と行動が、本当に正当化されるべきものかどうかについて、われわれは目をむける必要がある。なぜならば、官僚階級の本質からいえば、その行動をコントロールするビジョンと手段がない場合、破壊的な結果を生むことになるからだ。

究極には、官僚にとってみずからの延命が図れるのであれば、国家の理念または国民の生命や安全など二の次のことである。日本を動かすエリートたちの本質は、昔から変わっていないのだが、とくに今、国内では排外主義を煽《あお》り、憲法を空洞化させ安保法制を強引に成立させようとする第二次安倍晋三内閣、それを支える官僚階級をこのまま放置すれば、戦争とそれによる国家的破滅は避けられないと思う。いずれにしても日本に暮す人々に災厄《さいやく》をもたらすことになるだろう。

官僚階級の利害追求が招来させた現下日本の危機的状況について、時間軸を少し前に戻し、民主党政権の崩壊前後から追っておきたい。

自民党大敗による民主党政権発足

読者はすでに関心を失っているかもしれないが、野党第一党だった民主党が、三〇八議席を獲得するという歴史的勝利で政権の座についたのは、二〇〇九年八月三十日に行なわれた第四十五回衆議院選挙でのことだった。

二〇〇六年九月の小泉純一郎首相退陣をうけての第一次安倍晋三内閣は、わずか一年で崩壊し、そのあとを継いだ福田康夫内閣も、おなじく一年で政権を投げだした。そして、二〇〇八年九月二十四日に成立した麻生太郎首相主導のもとおこなわれた衆議院選挙で、自民党は大敗し、民主党・国民新党・社会民主党の連立政権が発足したわけである。政・財・官の閨閥《けいばつ》が権力を握るなかでの、たらい回し政権の無能ぶりに、国民の怒りが爆発したとみるべきだ。自民党が押し進めた新自由主義路線に、国民が明確にNOを突きつけた、劇的な国民主権の主張であった。

民主党政権の脱官僚路線

しかし日本の権力構造が、この選挙と、成立した鳩山連立内閣によって根本的に変化したとみるのは早計だった。

たしかに民主党の戦略的路線は、脱官僚（反官僚ではない）の政治主導をかかげ、日本の社会構造に「網の目のごとく」からみついた政・財・官の利権構造の脱構築をめざすものだった。次期総選挙での圧勝が予想されていた民主党のかかげる脱官僚方針は、霞が関中枢に巣くうキャリア官僚に、少なからざる恐怖を与えていた。

とくに、反検察の急先鋒だった当時の小沢一郎民主党代表にたいして、検察官僚は、取り調べの可視化や検事総長に在野法曹人起用などの小沢代表の主張に、肝胆を寒からしめていた。

検察官僚の動揺は、二〇〇九年三月三日、当時小沢一郎民主党代表の政治資金管理団体、陸山会《りくざんかい》の会計責任者兼公設第一秘書の大久保《おおくぼ》隆規《たかのり》氏を、西松建設にからむ政治資金規正法違反で強引に逮捕するという暴挙と執念にみてとることができる。

検察と一体となった大手メディアのバッシングのなか、小沢氏は二〇〇九年五月、民主党代表を辞任して、鳩山由紀夫氏が民主党代表の座についた。

鳩山代表のもと、二〇〇九年八月三〇日の選挙に大勝した民主党は、小沢一郎氏を幹事長にすえて、政権政党として、本格的な脱官僚政治の遂行に全力を傾けることになった。

公益法人、独立行政法人、特殊法人などに天下り、公金を費消している官僚OB群の組織実態にメスを入れる一方、実質、国家政策を仕切っていた事務次官会議を廃止し、政治主導の政策決定権確保をめざし、国家戦略会議、行政刷新会議などを立ち上げ、官僚統制を強化し、脱官僚支配の本格的な体制づくりを着々とすすめていた。

しかし、東京地検特捜部は、二〇一〇年一月一五日、通常国会が開かれる三日前に小沢一郎幹事長の元秘書で、現職の衆議院議員・石川知裕《いしかわともひろ》氏を、政治資金規正法違反で逮捕するという、議会制民主主義を愚弄《ぐろう》する暴挙に打ってでた。不逮捕特権をもつ石川代議士をあえて逮捕した特捜部のねらいは、あくまでも小沢一郎幹事長であった。

当事者である検察がどこまで認識していたかは別として、第三者的にみるならば、検察の行動は、その背後にあるオール霞が関官僚の意思を代弁したものである。

検察とメディアの癒着による国策捜査

検察のリーク情報を無批判にたれ流し、反小沢・反鳩山内閣のキャンペーンを執拗《しつよう》におこない、世論を誤誘導した大手マスコミの批判は重要であるが、本書の目的とずれるので、それについては別の機会にゆずりたい。ただ枝野幸男《えだのゆきお》民主党幹事長（当時）が、「捜査途中の事例が、起訴・公判前に報道されるのはおかしい。検察官には守秘義務があり、リークだったら国家公務員法違反だ」と、検察とマスコミの癒着《ゆちゃく》を批判したことは正論だ。

マスメディアが真実の伝達機関というのはカン違いである。マスメディア＝報道機関は、情報を媒介《ばいかい》する機関にすぎず、真実・事実を報道する機関ではない。

また鈴木宗男新党大地代表は、一月十五日に東京地検特捜部が石川議員を逮捕したことについて、「証拠隠蔽《いんぺい》のおそれもないのになぜ身柄を拘束する必要があるのか、異常としか思えない」「このまま民主党政権が続けば自分たち（検察官僚）がどうなるか分らないから暴走したんだろう。鳩山政権つぶしだと受け止めている」と、特捜部の高圧的手法となりふりかまわぬ検察権力の乱用に、強い疑念を呈した。

霞が関官僚とマスコミが一体となって民主党と鳩山内閣を叩くなか、普天間《ふてんま》問題への対処を誤り、ついに二〇一〇年六月二日、鳩山首相が退陣し、小沢幹事長も同時に辞任する事態になった。外務省と防衛省は目的を完遂《かんすい》した。小沢幹事長が辞任したことで、検察庁も留飲《りゅういん》を下げたことだろう。

官僚の内在論理

筆者は、この一連の事態を、国家権力をみずからの手にとり戻そうとする霞が関（中央官庁）官僚、とくに外務官僚による「静かなクーデター」とみていた。その理由はあとでのべるとして、霞が関の中央官僚が、普遍的にもつ、あるいはもたされている特権意識（差別意識、権力意識といい換えてもよい）についてのべておきたい。

その前に知っておく必要があるのは、官僚の行動原理だ。

官僚は明治憲法下の官吏服務令を少しだけ変形させたルールでうごいている。官吏服務令において、官僚は国民ではなく、天皇にたいして忠誠を誓っていた。先の戦争に日本が敗北したことによって、天皇は国政にたいする権能を失った。それにともない官僚は、天皇なき抽象的日本国家に忠誠を誓って行動している。官僚は、国家のために必要と考えるとき、国民を平気で切り捨てる。そのことに良心の痛みなど感じない。官僚はこのような本性をもっているのである。

筆者自身、外務官僚だったので、その内在論理が皮膚感覚でよくわかる。かつての自己認識を批判的に対象化する意味で、国会議員・国民・メディアにたいする、霞が関中央官僚の認識と目線を率直にあきらかにしておきたい。

「無知蒙昧な国民を支配するのは自分たち偏差値エリート」

　第一に、官僚は国民を無知蒙昧《むちもうまい》な有象無象《うぞうむぞう》と考えている。それゆえ、有象無象の国民によってえらばれた国会議員は無知蒙昧のエキスにすぎないと見下している。そして、国家を支配するのは、国家公務員試験や司法試験などの難しい国家試験に合格した偏差値エリートであるべきと信じている。このような偏差値エリートが支配したほうが、結果として、無知蒙昧な国民も幸せになるとカン違いしている。典型的なパターナリズム（父権主義）だ。

　しかし、これらの国家試験で測《はか》ることができるのは、教科書の内容を記憶し（理解していなくてもよい）、一定時間内に筆記試験で再現する人間の能力の一部分にすぎないということが理解できない、本質的に愚かな人が多いのである。

　また、官僚が政治家を小バカにしていることに同調する新聞記者が多いが、こういう記者たちは、官僚が政治家の背後にいる国民を「取るに足らない有象無象」と軽視していることに気づいていない。官僚は、すり寄ってくる記者を表面的には大切にするが、「有象無象の仲間」くらいにしか思っていない。官僚がほんとうに大切にするのは、官僚よりも専門知識をもち、官僚のバックグラウンドブリーフィング（オフレコベースの背景事情説明）に鋭く切り込み、知識不足や論理の破綻《はたん》を指摘する記者だ。リークをそのまま記事にする記者を、官僚は役に立つとは思うが、腹の中では「こいつはあまり頭がよくない」とバカにしている。

鈴木宗男氏バッシングの伏線

自民党政権時代、名目的権力は政治家、実質的権力は官僚という棲《す》み分けがなされていた。もっとも、中央官庁の局長以上で政権有力者からにらまれている官僚には、政治家が法律や予算で合法的な圧力をかけてくることがある。この合法的な圧力をかける技法に長《た》けた国会議員が「力のある政治家」ということになる。

こういう「力のある政治家」は、有能な官僚を出世させ、国益を増進させるような仕事をさせ、そのことによって政治家自身の権力基盤を拡大させるという連立方程式を組み立てることが上手だ。利権ねらいの不当な介入については、「先生、ありとあらゆる知恵を駆使《くし》してみましたが、法的に不可能です」といって断る。「法律を無視しろ」という政治家はいない。政治家の官僚にたいする影響力は、幹部人事を通じて行使するというのが、自民党政権時代の不文律だった。

この棲み分けを政治家が踏みこえると、官僚は忌避《きひ》反応を示す。筆者が知る具体例をあげる。

一九九九年十二月にチェチェン問題をめぐって、外務官僚がロシア政府にたいして「〈チェチェン問題は〉基本的に（ロシアの）国内問題」という従来の表現を河野洋平外務大臣の発言案から削除しようとしたことがある。

このとき鈴木宗男自民党総務局長が、〈「国内問題」という当時ロシア政府が最も注目していた言葉を含めない発言案は基本政策の変更ととられるのではないかとの懸念を示し〉（東郷和彦『北方領土交渉秘録』）、外務官僚と激しく対立した。

そのときの興味深いエピソードがある。筆者は、秋葉剛男《あきばたけお》外務事務次官秘書官の依頼にもとづき、鈴木氏に以下のメッセージを伝えた。

「今回の件は、手続き事項ではなく、サブスタンス（実質的内容）にかかわることですので、なんとかお怒りをおさめてください」

一瞬、鈴木氏の瞳が猛禽類《もうきんるい》のように光った。

「サブスタンスに政治家を関与させないというのが外務省の意向だな。よし、それならばおれも本気で勝負する」

そして自民党外交部会が大荒れに荒れた。外務省がパニック状態になった。それまで、鈴木氏にかんして外務省幹部は「ときどきうるさいことをいうが、外務省の予算や定員を確保するために尽力してくれる応援団」という認識だったが、この事件を機に、「鈴木はサブスタンスに容喙《ようかい》してくる危険な存在だ」という意識が、外務官僚の間に芽生えた。
そしてこれが二〇〇二年の鈴木宗男氏パージの伏線《ふくせん》になる。

外務官僚の特権意識

外務官僚は、国家公務員法の特別法である外務公務員法のしばりを受けるのであるが、大使館・総領事館などの在外公館に勤務するときは、在外勤務手当という「第二給与」が支給される。この「第二給与」は、外交活動のための経費であるにもかかわらず、精算義務がなく、仕事に使わず貯金しても所得税が課されない。蓄財して日本にもち帰っても課税されない。外務官僚の生涯給与は、他の国家公務員と比較して二〜三倍になる。また、若い頃から外交特権をもった生活をするので「自分たちは他の官僚とは身分が異なる。外交はわれわれ専門家にしかできない」という尊大な意識をもちやすい。外務官僚は、鈴木氏に面罵《めんば》されたことに腹を立てたのではない。鈴木氏が外務官僚の想定をはるかに超える外交にかんする知識と人脈を身につけ、外交の内実に関与してくることにたいして、「外交にたいする支配権が奪われる」という脅威を感じたのだ。

見落としてはならないのは、他の中央官僚も多かれ少なかれそうだが、とくに外務官僚は「日本国家を対外的に代表しているのはわれわれだ」という国家意識が強い。いい換えれば、権力をもっている、という意識なのだ。

その権力を政治的に奪われるという危惧《きぐ》が恐怖に変わったとき、国家を支えるまじめな外務官僚たちの〈集合的無意識〉が、権力簒奪《さんだつ》者にむけて一丸となってはたらくことになる。外務省のだれかがシナリオを描いてそれにもとづいて行動するというものではない。〈集合的無意識〉が引き起こす事態なのだ。さきに鳩山政権は、外務官僚の「静かなるクーデター」によって崩壊したとのべたのは、こういう文脈において理解すべきである。

さらに、そのあとを引き継いだ菅直人政権は、霞が関官僚との第二幕の闘いをはじめようとしたが、二〇一一年三月十一日におきた東日本大震災への危機対応に追われる間に官僚の集合的無意識によって打倒され、またさらに、野田佳彦政権はみずから「無害化」し、民主党政権を自壊させてしまった。

外務官僚の集合的無意識が政権を排除

日本には、目にみえない二つの国家が存在する。

一つは、選挙によって選出された、国民を代表する国家である。

もう一つは、明治憲法体制下からの連続性が強い、霞が関官僚によって代表される国家が存在する。

前者は、国民の支持を失えば選挙によって取り替えられるが、後者は、国家公務員試験や司法試験など国家試験に合格すればよほどの事がないかぎり、身分はゆらぐことはない。つまり、国民の意思が反映されないしくみ、それが官僚という存在なのだ。

そして、通常、総理大臣にも二つの立場がある。一つは国民の代表としての立場。もう一つは、霞が関（中央官庁）官僚トップとしての立場だ。

この国民の代表という立場と、官僚の長としての要素が「区別されつつも分離されずに」混在しているところに、総理大臣の立ち位置がある。しかし、官僚と国民の間に利益相反がおきると、総理のアイデンティティ（自己同一性）に軋轢《あつれき》が生じる。

鳩山内閣崩壊の直接的要因は、沖縄の普天間《ふてんま》飛行場の移設問題だった。

この普天間移設問題では、外務官僚は、徹底して日米合意の辺野古《へのこ》沿岸にこだわった。

それはなぜか。普天間問題で、外務官僚が鳩山首相に譲歩すると、それによって外交にかんする政官の棲み分けが根本から変化することになるからだ。それにたいする外務官僚の「天が落ちてくる」というような形而上的《けいじじょう》恐怖が、普天間問題を政治家による外交への容喙を防ぐためのシンボル（象徴）的事案に昇格させてしまったのである。実利をめぐる問題ならば、双方が満足する折り合いをつけることができる。しかし、シンボルをめぐる闘争に妥協はない。

つまり外務官僚は、米海兵隊普天間飛行場の移設先を自民党政権時代の辺野古（沖縄県名護市）に戻すことによって、「国家の重要事項にかんしては政権交代で生まれた首相であっても官僚の決定を覆《くつがえ》すことはできない。日本国家を支配するのは官僚である」という現実を突きつけ、官僚の政治にたいする優位を、目にみえる形でしめそうとしたのである。ふだんは霞が関の嫌われ者である外務官僚が、鳩山首相退陣をめぐっては、官僚階級総体の利益を代表したということだ。

外務官僚にとって鳩山首相は、かつての鈴木宗男氏のように省益（外務官僚の主観的意識では国益）の敵になってきた。いつまでも「最低でも（沖縄）県外」に固執する鳩山首相を統制下におくか、統制下におくことができないならば排除することを外務官僚は真剣に考えた。外務官僚のうち特定のだれかが鳩山政権を打倒する絵図を描いたのではない。外務官僚の集合的無意識が、鳩山首相にたいして、外交における官僚支配を確保しようとした。そして外務官僚は、「辺野古移設が米国の絶対的意向」という情報操作を徹底的におこなった。それに米国人の日米安保マフィア（ジャパン・ハンドラー）が全面協力したのである。

辺野古移設強行は「平成の琉球処分」

沖縄には、明治初期まで琉球王国という独自の国家があった。琉球王国は、中国と日本の双方に帰属《きぞく》していた。その琉球王国を明治初期に日本に統合する過程は、琉球処分と呼ばれる。明治政府は、最初、説得で琉球王国を解体しようとしたが、最後は軍隊を送り、琉球王(尚泰王《しょうたいおう》)を東京にむりやり連れて行き、沖縄県をつくった。

沖縄人はいま、このときとおなじことが普天間飛行場の辺野古移設強行でくり返されていると感じている。「平成の琉球処分」がなされようとしていることに、沖縄全体が反発しているのである。

一六〇九年、薩摩《さつま》軍が進攻して来るまで、奄美大島や徳之島は、琉球王国の領土だった。いまも沖縄と徳之島の言語・習俗は近い。薩摩軍は尚寧王《しょうねいおう》を江戸に連行した。そして、奄美諸島を琉球王国から取り上げ、薩摩の版図に組み入れてしまったのである。

普天間飛行場の移設先として徳之島を考えたこと自体が愚策だった。鳩山氏は、「徳之島ならば沖縄県外」と考えたのかもしれない。たしかに現在、徳之島は沖縄県外だ。しかし、ここはまぎれもなく、奪われた琉球王国の島なのだ。徳之島への移設が、「薩摩の琉球入り」にかんする沖縄の記憶を呼び起こしたのである。

いま喫緊《きっきん》に必要なことは、「平成の琉球処分」を阻止するために、政治闘争を文化闘争に転換することだ。文化に政治を包摂《ほうせつ》していくのだ。差別が構造化されていることを東京の政治エリートに理解させるために、沖縄の文化で対抗するのだ。

沖縄の文化とは、沖縄が沖縄であり、沖縄人が沖縄人であることを担保する「何か」である。それは目にみえないものだ。いにしえの祖先は、この「何か」をニライカナイという言葉で表現した。目を閉じる。そして心に問いかけてみよう。一人ひとりの心の底に、沖縄人であることを示す「何か」がある。その「何か」をつかみだそうとしても、それは手をすり抜けて逃げてしまう。しかし、日本（ヤマトゥ）に過剰同化し、沖縄人であることから逃げようとしても、その「何か」に沖縄人は引き戻される。この言葉に表現できない「何か」が沖縄の文化なのだ。米海兵隊普天間飛行場の辺野古への移設を強行しようとする東京の政治エリートの姿勢に、沖縄を支えている、沖縄の文化の根幹を破壊する根源的暴力があると沖縄は感じているのだ。沖縄の生存本能が、諍《いさか》いを好まず、礼儀正しい沖縄人の魂を荒《あら》ぶらせている。そのことを、東京の永田町（政界）や霞が関（官界）で、日本国家を支配しているあの人たちに理解させるのだ。そのために島ぐるみの、保革の壁をこえた文化闘争が不可欠なのだ。

封印される「琉球処分」の歴史

琉球処分とは、〈明治政府のもとで沖縄が日本国家の中に強行的に組み込まれる過程をいう。〉（金城正篤『琉球処分論』）一八七二年の琉球藩設置から、一八八〇年に分島問題が収束する八年間をさす。一八七一年、台湾に漂着した宮古島《みやこじま》の人々が殺害されたときに日本政府は「自国民保護」という名目で、一八七四年に台湾に出兵して武力で処理した。その後、日本と中国（清国）の間で国境画定交渉が行われた。一八八〇年に日本政府は中国にたいしてこんな提案をした。

〈琉球諸島を二分し、台湾に近い八重山《やえやま》・宮古島の両先島を清国に割譲《かつじょう》し、その代償として日本が中国国内での欧米なみの通商権を獲得しようというものだった。日本が提案し、しかもその実現に熱心であった「分島・改約」案は、日清間で合意に達したが、清国側の調印拒否にあって、流産したものの、もしもそれが実現していたら、日本人の中国内地での通商権と引きかえに、宮古・八重山の土地・人民は、清国政府の管轄に移されていたはずである。〉（前掲書）

日本人である沖縄の同胞を守るという東京の中央政府の主張が欺瞞《ぎまん》だったことがわかる。日本全体の利益のために沖縄を犠牲にするという構造的差別が、このときに組み込まれたのである。

歴史書を読めば、琉球処分の経緯にかんする知識を身につけることができる。

しかし、知識だけで沖縄人の心情を理解することはできない。そのためにはすぐれた小説を読むことが有益だ。沖縄初の芥川賞作家・大城立裕《おおしろたつひろ》氏の『小説琉球処分』が、専門書や新聞記事からではなかなか理解できない沖縄の人々の心情を、みごとにあらわしている。

海兵隊基地受け入れ強要に潜む沖縄差別

米海兵隊普天間飛行場の辺野古基地移設問題で、より本質的なことは、この事態を沖縄が「平成の琉球処分」と受けとめていることだ。沖縄は、「東京の政治エリート（国会議員・政治家）はわれわれを同胞とみなしていないのではないか。日本の陸地面積のわずか0・6％を占めるに過ぎない沖縄県に在日米軍基地の74％があるという状況を解消しようとしない政治エリートは、沖縄を差別しているのではないか」という悲しみと苛立ちを強めている。

この問題をめぐって沖縄で展開されているのは、反米闘争や反基地闘争ではない。沖縄は、時代錯誤の左翼的な反戦スローガンを掲《かか》げているようにみえるが、その行間の意味を読み取ることが重要だ。反米闘争ならば「海兵隊は出ていけ！」、反基地闘争ならば「基地はいらない」となり、数字が問題にされることはない。東京の政治エリートは、こういう沖縄の声にたいして、「それは誤解だ。われわれだってできるだけのことをしている。差別と非難されるのは心外だ」と感じているであろう。しかし、差別が構造化されている場合、差別する側の人間は、差別している現実を意識していないのが通例だ。

米海兵隊の基地を、沖縄県以外の都道府県はどこも受け入れようとしない。なぜだろうか？それは民意が受け入れないからだ。沖縄県の民意も海兵隊の受け入れに反対だ。それなのに受け入れることを強要する東京の政治エリートの、うわべの言葉づかいはていねいだが、本質において強圧的な姿勢を、沖縄は構造的差別ととらえている。

　沖縄においてこの問題は、安全保障問題の枠をこえ、沖縄差別を象徴する事案になっている。二〇一四年十二月、沖縄県知事選挙で翁《お》長《なが》雄《たけ》志《し》氏が圧勝したことに象徴されるように、沖縄側が提起する構造的差別の問題に取り組まないと、沖縄は東京の中央政府から離反していくことになる。そして、日本の国家統合が根本からゆるがされることになる。それだから、沖縄問題の根幹について知っておくことが、国内政局や安全保障問題を理解するための助けになる。

官僚たちの静かなるクーデター

　二〇一〇年六月、鳩山首相は普天間問題で倒れた。外務官僚が中心になって、自民党政権時代の日米合意に引き戻そうとし、真綿《まわた》で首を絞《し》めるように鳩山包囲網を構築していった。

　沖縄県民の敵意に囲まれるような状態で、米軍基地は抑止力機能をはたすことができない。外務官僚もそれくらいのことはわかっている。それでもこのような無茶をしたのは、民主党連立政権がいくら政治主導をかかげても、日本国家を実質的に支配するのは官僚であることを思い知らせたかったからだ。海兵隊基地を沖縄に押しつけることが、官僚が日本国家の支配者であることを示す象徴的事案になったのだ。鳩山政権を打倒しようと考える官僚が、裏で鉛筆をなめて陰謀のシナリオを書き、それを着実に実現していったということではない。「このままでは日本国家が壊れる」という集合的無意識をもつ官僚たちが、阿吽《あうん》の呼吸で包囲網をつくりだし、鳩山政権を打倒した。検察庁による小沢一郎つぶしもおなじだ。これらは霞が関官僚による静かなるクーデターなのだ。

法治国家の根本をゆるがす官僚

官僚は現在、二つの戦線を開いている。

第一戦線は、第一次安倍内閣で挫折《ざせつ》を味わった安倍首相が、選挙に大勝して即、踏みだした集団的自衛権行使の部分的容認を、全面的に行使できるようにすることだ。

第二戦線は、外務官僚と防衛官僚による辺野古新基地建設である。日本政府は、辺野古新基地建設を沖縄人の血を流してでも強行する構えだ。

外務省、防衛官僚らは、「戦後レジームからの脱却」をかかげる第二次安倍内閣が出現したことを絶好の機会ととらえた。いまこそ安全保障の概念をポスト冷戦の時代にふさわしいものに組み直し、地球の裏側までも自衛隊が行けるようにすべきであり、それが真の意味での日米の対等性をもたらすと、日米安保条約改定によって退陣した祖父・岸信介の無念の思いをトラウマとして抱える安倍首相の耳元でささやいている。

安倍総理は、集団的自衛権行使に踏みだすため、それまでの内閣法制局長官を更迭《こうてつ》し、後任に小松一郎氏の任命を断行した。小松氏は、外務省の国際法局長や駐仏大使を歴任した、いわば条約官僚の代表格のひとりであった（二〇一四年五月退任、六月死去）。二〇一四年七月に集団的自衛権行使の閣議決定をおこなった安倍晋三首相は、憲法はおろか日米安全保障条約の枠組みをこえて、アメリカの戦争に協力する安保法制を通そうとしている（九月十九日未明に強行採決される）。

しかし、日米安保条約6条には、「日本国の安全に寄与し、並びに極東における国際の平和及び安全の維持に寄与するため」と明記されている。日米安保条約を改定せずに、日米協力の範囲を地球規模に拡大するのは無理筋だ。日米安保条約は、日本と、極東の平和と安全を維持するために、米軍の日本駐留を認めるものだ。ガイドラインは安保条約に付随《ふずい》するが、日米の協力関係の根幹を改めて適用対象を地球規模に広げるのは、安保条約からの逸脱《いつだつ》だ。安倍首相官邸が、条約解釈のような複雑な議論にたいする理解力が弱いことにつけ込み、外務官僚が「悪乗り」している。

法治国家の根本をゆるがすような逸脱をした外務官僚には、責任をとってもらわなくてはならない。

いつまでもこの政権が続くわけではない。民主党の影響力はなくなったが、自民党につぐ最大の野党は公明党である。

「日本国家を誰が立て直すべきか」をめぐって、霞が関官僚との間での生死を賭けた権力闘争は、引き続き展開されている。この闘いは、日本の国家と社会の行く先をめぐる闘いだ。

筆者は、以上のような問題意識に立って、本書を出版することにした。書名は『官僚階級論』としたが、『官僚階級論序説』ともいうべき内容となっている。切迫している状況にかんがみて、官僚という階級の内在論理を解明する作業としては不十分な点があることを承知しつつ、世に問うことにした次第である。

官僚階級論

霞が関《リヴァイアサン》といかに闘うか——目次

官僚階級論　プロローグ　3

第1部　いまそこにいる官僚階級──イエス、マルクス、『久米島史話』に潜む「奴ら」　33

はじめに　34
社会から富を吸い上げる国家／民主主義の罠／官僚階級の暴走

第1章　階級というイメージ　38
帝国イギリスのロシア語教育／イギリスの潜在敵国は／帝国イギリスのインテリジェンス／サルーンとパブ──マルクスが見た階級

第2章　『資本論』と『聖書』　49
資本論を書いたのは誰か／この世の終わりこそ救い──マルクスの革命史観／「来る」と言って来なかったイエス／考える者は救われない──キリスト教の「反知性主義」／中世の終わりはいつか／右翼と左翼

第3章　国家が「救い」に介入するとき　61
トレルチの発見──コルプス・クリスティアヌム／西欧と東欧の違いとは──東西キリ

スト教会の分裂／「救い」に介入する国家／神懸かりの容認——ロシア思想のおもしろさ

第4章　国家に隠れる官僚階級　68
労働力商品が産業資本主義の核心／資本家見習いとしてのマルクス／税金がでてこない『資本論』／徴税は国家に埋め込まれている／官僚階級の再発見

第5章　『久米島史話』にみる官僚たち　77
唯物史観をくずす／征服する国家——国家の原型／征服者が城を築くわけは？／長いものには巻かれておけ！／わが英雄はマキャベリスト——堂のひやの精神／先島は琉球王朝府の外部だった／先島と久米島／地域共同体を守る「堂のひや」／外から来る国家、内から生まれる社稷

第2部　官僚と闘う技法——95
——公共圏のイデオローグ、ハーバーマスとバルトから学ぶ

第1章　公共圏の誕生　96
公共圏は喫茶店からはじまった——ハーバーマスの視座／喫茶店の起源／イギリスの喫

茶店／公共圏の原型は教会／機械仕掛けの神／近代メディアの誕生／アカデミーと大学／「単なる人間」の登場／秘密結社フリーメーソン

第2章 **国家と公共圏のせめぎあい** 114
公共圏に介入する国家／自立していないものは階級ではない／公共圏は支配原理の変更を要求する／理性と法律は喫茶店（カフェ）から生まれた／国家と家、ポリスとオイコス／見るものと見られるもの――二分法（ダイコトミー）の使い方／ポリス（国家）と公共性の間に境界線を引く／蜘蛛の巣オペレーション――諮問会議の罠／「公のために死ぬ」とは「国のためになど死ねるか」ということ／裁判員制度は公共圏か？／国家に吸収される公共圏

第3章 **公共圏のイデオローグ**――発信する神学者バルト 131
国家とは距離をおけ！ バルトの闘い方／哲学者トマス・マサリクのチェコスロヴァキア／ドフトエフスキー嫌いのマサリク／チェコ人は神様を信じない／チェコスロヴァキアの民族地図／バルトからフロマートカへの手紙／おびえる我々自身を直視せよ／チェコ人よ、武装せよ！／ナチス下のドイツキリスト教会／ソビエトとナチス、どちらも悪魔なのか？／絶対的外部性による洞察／ヒトラー暗殺計画

第4章　公共圏と社会主義国家　153
東ドイツをどう評価するか？／ナチスの踏み絵、東ドイツの踏み絵／ナチス党をつくった東ドイツ／国家に忠誠を誓う程度／ナチズムとキリスト教は対話不能／許される逃亡と許されざる逃亡／国家とは距離をおけ！／公共圏のイデオローグ／官僚階級の凶暴化を抑えるには

第3部　官僚階級のゲームのルール——柄谷行人をてがかりに　173

第1章　『トランスクリティーク』で読み解く官僚階級　174
新帝国主義の時代／「トランスクリティーク」とは？／『トランスクリティーク』の読み解き方／アナーキストは躓く／自由主義の二つの源泉——自由主義（オールドリベラリズム）と愚行権／カントによる「反省」の手法／悟性と理性の視差／経済恐慌で生じたマルクスの視差／産業資本と商人資本との決定的違い／恐慌でゾンビのごとく蘇る資本主義／マネーゲームが終わったあとは／カントの「コペルニクス的転回」／カントの「現象」と「物自体」／観念論をいまだに崩せない近代哲学／鏡に写る姿は自分ではない／

死者とは物自体
第2章　民主主義はフィクションで成り立つ　208
マルクスが見抜いた民主主義のウソ／ファシズムと社会民主主義の違い／民主主義と独裁は矛盾しない／言説が階級をつくる／分割地農民とフリーターを類比する／ファシズムは民主主義から生まれる／大衆の夢がファシズムを生みだす／大衆の夢がより強く現れる大統領選と国民投票
第3章　官僚階級のゲームのルール　226
官僚は一般意志を語る／ハイデガーの批判／官僚階級という寄生体／秘密投票のトリック／「自由な個人」がみえなくするブルジョア独裁／アソシエーションによる対抗
第4章　偽装する官僚階級　239
エンゲルスの犯罪／富の再分配？／社会民主主義の必要性／消費者（労働者）は神様だ――不買運動
第5章　国家と資本主義　249
よみがえる帝国主義／自由主義と帝国主義はくり返す／後期資本主義／後期資本主義へのコンセンサス／資本＝ネーション＝国家――資本の危機を救済する国家

第6章　カッコの中から国家をあぶり出す　260
絶対主義王権から生まれた双子／抑圧されたものの回帰――王はギロチンにかかったが絶対主義の王座は今もある／主権在民？

第7章　資本と国家とネーション　官僚階級の外面　270
あらゆる国家は他国にたいし覇権主義的／ネーション（民族）は文学から生まれた／国家と資本の結託／ネーションは宗教の代替物／「政治的に中立な追悼施設」はナショナリズムを強化する

第8章　資本＝ネーション＝国家の脱構築　280
資本における自由、国家における平等、民族における友愛／社会主義も社会民主主義も解決とはならないのか？／エコロジーと資本主義／官僚階級を踏みとどまらせろ／知的再構築を急げ

官僚階級との喧嘩の仕方　あとがきにかえて　295

巨大な官僚的軍事的組織をもち、広大にして精巧な国家機構をもつ執行権力、五十万の軍隊にならぶ五十万の官僚軍。網の目のごとくフランス社会の体にからみつき、すべての毛穴をふさぐ、このおそろしい寄生体。これは、絶対王政の時代に封建制の解体にともなって発生し、この解体の進行をたすけた。

（カール・マルクス著『ルイ・ボナパルトのブリュメール一八日』）

すると、火のように赤い別の馬が現れた。その馬に乗っている者には、地上から平和を奪い取って、殺し合いをさせる力が与えられた。また、この者には大きな剣が与えられた。

（『新約聖書』ヨハネの黙示録　第六章四節）

第1部 いまそこにいる官僚階級

——イエス、マルクス、『久米島史話』に潜む「奴ら」

はじめに

社会から富を吸い上げる国家

官僚は国家に奉仕する存在です。それだから、官僚について語ることは国家について語ることとおなじです。

国家の本質は、古代の専制国家であれ、近代の共和制国家であれ、変わっていません。その変わらない本質とは、「社会から富を吸い上げることで国家は生きている」ということです。そして国家は、社会から富を吸い上げるために暴力を使います。

マルクスは『資本論』で、労働者、資本家、地主の三大階級によって資本主義社会は成り立っているといいました。では、公務員はどの階級に属するのでしょうか。

公務員は社会に寄生している存在です。社会の外側にいて、国家の暴力を恃《たの》んで、社会から収奪しているわけです。なにを収奪しているかといえば、税金です。

身近な例をあげましょう。たとえばサラリーパーソンは、毎月の給料から所得税などを天引きされていますが、自営業者は自分で納めないといけない。しかし、これを断ることはできません。払わないでいると国税庁に告発され、政治犯罪の摘発を本業とする地検特捜部が捕《つか》まえにきます。脱税で告発されると、警察ではなく特捜部のお世話になります。それほど脱税は非常に重い罪とされているわけです。

国家は税金なくして成り立ちません。そして国家を運営する官僚は、社会の外側にいて、社会から吸いあげる税金で生きている存在だと、私はみているわけです。

それは暴力の独占を背景とした収奪《しゅうだつ》機構の民主主義です。その暴力と収奪を組織的に行使する集団こそ、官僚階級です。

民主主義の罠

中世が終わる頃、十六世紀から十八世紀のヨーロッパ、フランスやイギリス、スペインやポルトガルでは、王様が絶対的な権力をふるう絶対王政といわれる時代がありました。しかし、王様つまり専制君主は、軍事と行政を司《つかさ》どる膨大な官僚がいなければ、一人ではなにもできません。その後、十八世紀から二十世紀にかけて浸透した啓蒙主義によって、フランス革命などがおこり、主権は市民にあるという「主権在民」の思想によって、専制君主はギロチンにかけられました。そうして生まれたのが、近代共和制国家です。

ところが、王様が去ったあとの近代共和制国家においては、官僚階級自身が暴力を行使し、収奪をおこなうことができます。理屈の上では、主権者である国民が、民主主義システムを通じて官僚階級をコントロールしていることになっていますが、本書で論じるように、それはフィクション（擬制）にすぎません。

民主主義をフィクションだといえば怒る人もいるかもしれませんが、民主主義は万人が同質であることを前提とした一つの政治システムにすぎません。

一人一票を投じる選挙によって、民衆の意思が反映されるといわれますが、その民主主義を通じて、ヒトラーが現れ、それを知的エリートを含む多くの人びとが支持しました。そして、その知性の限りの殺戮《さつりく》を組織的に遂行《すいこう》するという官僚階級の暴走をもたらしました。

いま、新自由主義とグローバリゼーションの名のもと、資本の凶暴な運動に、つぎつぎと扉を開けた官僚たちによって、百年に一度といわれる大不況による価値の消滅と貧困の拡大が日本を含む世界各国でおきています。近代史をひも解いてみれば、「国民の一般意志を代表する」はずの官僚階級が、どれほどの苦しみを国民にもたらす集団となりうるか。その事例は、数えあげれば切りがありません。

マスメディアは、官僚の不祥事や怠慢《たいまん》を頻繁《ひんぱん》にとりあげますが、じつは最も恐ろしいのは勤勉でマジメな官僚なのです。みずからの行使する権限がいったいなにをもたらすのか、という認識を欠落させたまま、勤勉にも暴力と収奪を推進していくことになるのです。この官僚階級をどうみるかは、社会をみるとき非常に重要です。

官僚階級の暴走

官僚階級について考えることは、国家とはなにかを考えることだ、と初めにいいました。社会の外側にある国家は、本質的に暴力的なものであり、それを官僚階級が恣意《しい》的に運営しているわけです。このシステムがどのようにして生まれてきたかを知り、よく観察した上で、国家＝官僚階級とどうつきあうのかを考えなければならないのです。

このような官僚階級にたしかな手綱をつけられるのでしょうか。それとも官僚階級に替わる暴力によらない相互扶助の統治システムを実現することはできるのでしょうか。このことについて掘り下げて考える必要があります。

とはいえ、情勢は緊迫しています。日本版ＮＳＣ、特定秘密保護法、閣議決定という非常手段による集団的自衛権行使容認など、第二次安倍晋三内閣の強引ともいえる政治手法は、その政治政策、政治思想とは別に、議会制民主主義の危《あや》うさを露呈させています。世界的にも戦争の危機が迫っています。

グローバル経済化がすすむ一方で、国家間対立も深まっています。それにとどまらず、イスラム原理主義をはじめ宗派間対立、〝アラブの春〟以後、中東の混乱のなかから生まれた

「イスラム国」、さらには、ウクライナの事態など、国家内部での宗教的・民族的軋轢《あつれき》も頻発《ひんぱつ》しており、それがまた国際的な緊張を高めています。

こうした国際政治の危機に官僚階級の暴走がおこりやすいことを歴史は教えています。

同時に、政党や政治家が、議会制民主主義こそが官僚支配を正当化させる装置だということを理解せず、「官僚支配をなくせ」といったうわべだけの官僚批判をくり返していても解決にはなりません。官僚の問題とは民主主義システム自体の問題である、ということを理解する知力が必要なのです。

官僚階級とどのように対峙《たいじ》すべきか。本書ではマルクス、仲原善忠、ハーバーマス、バルト、柄谷行人を読み解くことによって、私の考え方を整理してみたいと思います。

われわれが生きているこの社会を相対化する力を与えてくれるこれらの叡智《えいち》を手がかりにして、この状況を生き抜くことができると確信しています。

第1章　階級というイメージ

まず「階級」という言葉から考えてみましょう。

私は「階級」をイギリス的な現象だとみています。たとえば、いまでもイギリスのパブに行くと、入り口が二つあります。パブと書いてある入り口とサルーンと書いている入り口です。

いますぐマルクスの『資本論』に書かれた「階級」を論じるより、私が外務省に入省してから研修生としてイギリス軍の学校でロシア語を勉強したときの話から入ります。というのは、私の経験を材料にして、ヨーロッパにおける階級文化について共通のイメージをもつことが、官僚を階級としてとらえる上でたいへん参考になるからです。回り道なようですが、少しの間おつきあいください。

帝国イギリスのロシア語教育

一九八五年当時、日本の外務省が、ロシア語を学ぶ外交官の卵たちを、なぜイギリスの語学学校に研修留学させていたかというと、そこでは合理的なカリキュラムにもとづくロシア語の授業がなされていたからです。

一日に単語を二十五単語から二十八単語。フレーズを七つから十、覚えます。完全にマニュアル化された電話帳のような教科書が十一冊。全部を積み重ねると一メートルを越える。そのユニットを一日に五十数枚ずつこなしていくというやり方です。

この語学学校では、小テストで九十点以下を二回取ると退学、大きなテストで八十五点以下を一回取ると退学。こういう厳しい教育プログラムになっていました。

語学には資質が必要です。私は将校宿舎〔オフィサーズ・メス〕に住んでいましたが、宿舎に缶詰めにされ、徹底的に語学をやる。授業は朝の八時から始まり、午前中の文法の授業が十二時くらいに終わり、お昼を食べて、午後一時から会話の授業を三時くらいまで受ける。その後、宿舎に帰り、それからだいたい六時間、夜の九時くらいまでやらないと終わらない量の宿題が出されます。そしてさらに試験対策の勉強をする。

それをこなすと、十ヶ月で東京外国語大学の三年生を修了したくらいのロシア語レベルになります。ですから、外国語を専門とする日本の大学生が三年かけてやることを十ヶ月でやるわけです。

適性のない人は早めにやめさせるのがイギリスのやり方です。そのほうがイギリス軍にとってもいいし、本人のためにもなるということです。しかも後半の授業では、一ヶ月間、数字の聞き取りだけをやらされたりします。とにかく数字をいくつもいわされる。ロシア語の数字は格によって変化するので、反射神経で数字がわかるように訓練する。この勉強は外交官になってから非常に役に立ちました。ロシアに行った日本人は、お釣りや計算のやり取りなど、ロシア人のいっている数字が聞き取れません。ところが、われわれイギリスで研修してきた連中は数字にたいへん強くなります。

イギリスの潜在敵国は

あとでわかったことですが、地中海のマルタ島にイギリス軍の通信・傍受基地があります。ロシア軍は暗号をすべて数字化して、戦闘機の移動や部隊の配置を数字だけでやり取りしています。イギリス軍はこれを瞬時に聞き取る訓練をしていたわけです。それは同級生が何人もマルタに赴任していることを知ってはじめてわかったことです。

しかもイギリス軍は、毎年ロシア語の専門家を将校と下士官で六十人くらい養成しています。将校のほとんどは、将来モスクワの駐在武官になるための要員です。どうしてそんなにたくさん要員が必要なのか。それはイギリスとロシアが、追放合戦をかなり頻繁に行うからです。互いに駐在武官を十人追放する、なんてことを平気でやります。駐在武官は六、七人しかいませんが、過去に遡《さかのぼ》ってかつて勤めていた人間も、ペルソナ・ノングラータ、すなわち「好ましくない人物」にされる。それを想定して、多くのロシア語要員をあらかじめ養成しておくわけです。

アメリカはというと、そこまでの体制はとれていません。世界中でその体制がとれているのはイギリスだけです。

イギリスのベーコンズフィールドにあるのが、この軍の語学学校です。ここでは、イギリスの潜在敵国の語学を教えるコースが開設されています。その語学コースは、ロシア語とアラビア語とドイツ語で、いまだにイギリスはドイツを潜在敵国と考えているわけです。フォークランド紛争がおきたときには、スペイン語コースがつくられました。この学校には、敵性語学コースとは別に英語コースがあり、そのコースには、アフリカ、インドやネパール（ネパールのグルカ兵がいつも日本刀のような刀を下げて将校宿舎に住んでいました）、中東の人たちが集まっていました。

とくに、中東の国で当時イギリスが重視していたのが、オマーンです。オマーンという国は、正式名を「オマーン・スルタン国」といって、サウジアラビアの南側、イエメンに面し、アラビア湾を隔《へだ》ててイランと向かい合っている戦略上の要衝《ようしょう》です。「アラビアンナイト」にでてくる『船乗りシンドバッドの冒険』のシンドバットはオマーン人です。アラビア半島を起点に、マダガスカル、インド、スリランカに遠征していたオマーン人はインテリジェンス能力がたいへんすぐれています。

オマーン人は非常に勤勉です。他方、金を余るほどもっているカタールやアラブ首長国連邦の留学生たちは、授業にはほとんど出て来ないで、ポルシェのスポーツカーに乗ってロンドンのカジノで毎日遊んでいました。

帝国イギリスのインテリジェンス

あるとき私は、親しくしていたオマーンの留学生からこんな愚痴《ぐち》を聞きました。

「イギリスという国は、狡猾《こうかつ》な帝国だ。われわれに本気で英語を教えようとしていない」

「アラブの王族の連中は、オックスフォード大やケンブリッジ大のような一流大学に無試験で入れる。イギリス人の狙いは、そこで人脈をつくることだ。つくった人脈の十人のうち九人はムダかもしれない。極端にいうと百人のうち九九人はムダかもしれない。だけど残りの一人だけが活《い》きてくれればそれでいいと思っているんだ」

そして、こういう話を聞きました。

「リビアのカダフィ大佐を知ってるかい？　カダフィ大佐はベーコンズフィールドのわれわれの同窓生なんだ。イギリスはカダフィ大佐を招いて、ここで勉強させた。だから将来イギリスがカダフィとの関係を回復しようとするときは、必ずここの人脈をつかうよ」

つまり、これが「帝国」の発想です。

帝国というのは、国民国家間の対立が起きても、それを越えたところで維持されるネットワークをもっている。イギリスは、帝国としての発想があるからインテリジェンスが強いのです。また、イギリスの官僚には、ちょっと規格をはずれた人間が多い。それは「国民国家にいる官吏」ではなくて、「帝国の中にいる宮廷官吏」という思考がいまだに残っているからではないか、と私は思っているわけです。（「帝国」と違い、帝国主義は、国民国家を基盤にヘゲモニー国家が不在で次のヘゲモニー国家の座をめぐる争いが全面化する状態をいう。）

二〇〇一年九月一一日、ニューヨークで同時多発テロがおきました。その翌年、興味深いことがありました。あのリビアとアメリカが関係を回復するわけです。その裏にはなにがあったのでしょうか。これは私が親しくするイスラエル政府の幹部から直接聞いた話ですが、このときイギリスが前々から培《つちか》っている人脈が動きました。イギリスとリビアの連絡係で、有事のときにカダフィと会う役割の人物が、サダム・フセインの息子ウダイとクサイが殺害された現場写真をもって、カダフィのもとへ飛び、その写真をみせながら、カダフィの息子たちが隠れている地下壕の所在を正確にいうわけです。そしてカダフィに語りかけます。

「フセインさんはかわいそうに息子さんがこうなってしまった。近くお父さんも捕まって、いずれにせよ殺されますね。カダフィさん、あなたは運命を選ぶことができます。この写真の方でもいいですし、あるいは生き残るという選択肢もあると思いますよ」

それでカダフィが「生き残る場合はどうなるんだ？」と訊《き》いたら、

「あなたの体制もご家族も石油利権も一部は保全いたします」

「じゃあこっちとしては何をやったらいいのか？」

「そうですね。核兵器を今後開発しない。ミサイルなんかも購入しないことを約束してください。合わせて、かつてやったテロで露見しちゃった話がありますよね。そのうちパンナム機爆破についてだけ謝罪すれば、あとは不問に付しましょう。われわれの提案を受け入れるか拒否するか、どっちでもいいんです。ただ、拒否した場合、アメリカは本気であなたを潰します」

イギリス人はそう脅《おど》しをかけました。それでカダフィは、これはもうぜひ生き残るシナリオでお願いしたい、となったわけです。

その後、リビアはイギリスとアメリカの友好国になりました。ところが国際世論ではアメリカが中心になってリビアを屈服させたことになっています。しかし、実際はイギリスが全部後ろで根回ししたと私はみています。イギリスとはそういう陰徳を積む国です。しかし、そのアフリカの雄カダフィも〝アラブの春〟のなかで、イラクのフセイン同様に殺されてしまいました。

サルーンとパブ――マルクスが見た階級

イギリス人は、マルクスが『資本論』が書けたのはイギリスに長い間いたからだと思っています。しかし、マルクスは英語が得意ではありませんでした。

十九世紀中葉のイギリスの姿は、当時、後発資本主義国だったドイツからきた人間にとっては、自分たちの未来のようにみえていました。遅れている国からきた人間は、都市にたいして、常に一種の警戒感やコンプレックスをもつ傾向があります。そこから、都市の近代的なシステムを超克しようという志向をもちやすい。そこでマルクスがみたものが、冒頭にのべた、まさにサルーンとパブに分かれた入り口です。

さて、ベーコンズフィールドの陸軍学校での私の卒業成績は、二十五人いるクラスで二番でした。イギリス人には負けたくないという思いから一所懸命勉強しましたが、一人だけ、どうしても勝てない同級生がいました。

テリー・デイビスという名前の彼は、身長一六〇センチくらいの、イギリス海軍の原子力潜水艦乗りでした。陸軍の学校ですが、海軍や空軍の将兵も勉強しています。軍隊で一六〇センチくらいの身長というのは非常に重宝されます。なぜなら、戦車兵もしくは潜水艦乗りとしては、背の低い人が圧倒的に有利だからです。

テリーの話でおもしろかったのは、一ヶ月間、いっさい口をきかない訓練のことです。原子力潜水艦で北極海を潜ったりすると、三ヶ月間くらい浮上しないこともあります。少しでも口をきくと音声が探知されますから、ひたすら口をきかずに潜水艦の中で座っているなど、いろいろな訓練をやるわけです。

その彼がなぜ軍隊にきたかというと、お父さんが職人だからです。

イギリスという国は階級流動性がほとんどなく、職人の家に生まれた子どもは、だいたい職人になり、学者の家に生まれると学者になります。大学進学率も高くない。そういう社会環境のなかでテリーは非常に成績がよく、彼自身も勉強したかった。ところが親は「大学なんか出たらロクな人間にならない」という考えだし、お金もないから行かせてくれない。そんな彼にとって大学に行く唯一の方法は、軍隊に入ることでした。軍隊に入ると、軍が責任をもって大学に行かせてくれます。その代わり、義務年限として十五年くらい兵役を務めないといけません。それでテリーはケンブリッジ大学で軍事史を研究して、その後ベーコンズフィールドにきたというわけです。

テリー・デイビスとパブに出かけたとき、私が「SALOON（サルーン）」という入り口から入ろうとすると、彼が「ちょっと別の入り口から入りたい」といって、「PUB（パブ）」の入り口から入って行きました。私はそのとき初めて、なぜサルーンではなくパブの入り口から入るのかを知ったのです。

イギリスでは、出身階級によってパブの扉が違います。

サルーンという入り口から入るのは、中産階級です。一方、パブから入るのは労働者階級です。いまは入り口の扉が違うだけで、店内は一緒になっていますが、かつては室内も板で仕切られていました。中産階級の人はサルーンから入って、おなじ階級の人たちと話をする。労働者階級の人たちはパブから入り、おなじ階級の人たちと話をする、こういう構造です。いまは店内の間仕切り板は撤廃されています。いまだに店内にも仕切り板があったのは、私の知る限り、アイルランドの南にあるコークという町だけでした。このように、階級ということを私が意識させられた最初は、パブでした。

日常生活でも注意してみると、食後のデザートにしても、「デザート」というのは、どちらかというと上流階級の連中が好む言い方です。それにたいして中産階級は「スイーツ」です。労働者階級の人たちはというと、「アフター」といいます。食後にだされるから「アフター」だというわけです。

また、オックスフォード、ケンブリッジ出身の人たちは、いつもちょっと鼻にかかった英語を話します。たとえば封筒のことを「オンベロープ」と、わざとフランス語の発音を入れて話したりします。たいして労働者階級、とくにロンドンの下町出身者は、ペーパーを「パイパー」、イェスタデイを「イェスタダイ」など、A「エイ」を「アイ」と発音します。ですから発音を聞くだけで、イギリスでは出身階級がおおよそわかります。

階級のイメージは、おそらく、このイギリスでの諸相をみるなかでマルクスが組み立てたのではないかと考えています。イギリスをモデルに『資本論』を書いていることから考えても、階級概念もそのなかで組み立てたものでしょう。

第2章　『資本論』と『聖書』

資本論を書いたのは誰か

では、ここから『資本論』の論理に入ります。

『資本論』は全体で三巻です。厳密にいうと最初の構成は四巻でした。第四巻は『剰余価値学説史』というタイトルで、「資本論第四巻」というサブタイトルがついていて、『資本論』一巻から三巻までを合わせたくらいの分量です。

この『剰余価値学説史』は、重商主義時代、重農主義時代、そして、商品の価値をその商品に含まれている労働時間で規定する労働価値説をはじめて唱えたアダム・スミス（1723－1790）、さらにそれを徹底させたデヴィッド・リカード（1772－1823）、あるいはリカード左派のサミュエル・ベイリー（1791－1870）らの学説を分析したメモです。じつのところ、このメモ類を合わせて読まないとマルクスの『資本論』の全体構造はわからないのです。

ところで、マルクスは悪筆でした。生活が楽でなかったマルクスは、ドイツにいる頃、鉄道省に勤務しようとしましたが、入省試験に落ちてしまった。

その理由は、極端な悪筆です。要するになにを書いているのか読めない。これはマルクスの書いた文章の写真を見ればわかりますが、ほんとうに解読できません。そのため東ドイツやソ連では、マルクスの筆跡を解読する特別の専門家を大学で養成していたくらいです。

そして、マルクス自身が書き上げた『資本論』は、じつは第一巻だけです。第二巻、第三巻はほとんど読めないような草稿メモを、マルクスの盟友エンゲルスが編纂《へんさん》したものです。エンゲルスは第四巻の編纂作業もしていましたが、時間が足りなくて生きているうちにはできませんでした。

エンゲルスの死後、カール・カウツキー（1854－1938）というドイツ社会民主党の指導者が、エンゲルスのメモやマルクスの草稿をなんとか解読して『剰余価値学説史』を出版しました。ところが、このカウツキーがロシア革命に批判的な姿勢をとり、レーニンから「背教者」と名指しで批判されたものだから、カウツキー版はソ連にとって都合がわるくなりました。それで、一九三〇年代にモスクワで別の版が出版されています。

＊カール・マルクス（1818－1883）　ドイツの経済学者、思想家。著作に『経済学・

哲学草稿』『ヘーゲル法哲学批判序説』『ドイツ・イデオロギー』（エンゲルスとの共著）『共産党宣言』『ルイ・ボナパルトのブリュメール一八日』『賃銀・価格および利潤』『資本論』など。

＊エンゲルス（1820-1895）　ドイツの経済学者、思想家。マンチェスターの紡績工場を共同経営しながら産業資本主義社会の実態をみて『イギリスにおける労働者階級の状態』を書く。1844年にマルクスと出会い共産主義者同盟を設立。他の著書に『空想から科学へ』『家族・私有財産および国家の起源』など。マルクスの死後、遺稿の編集をおこなう。

この世の終わりこそ救い――マルクスの革命史観

さて、『資本論』の二巻、三巻は比較的読みやすい、役所の報告書のような文体です。それにたいしして、マルクス自身の手によって書かれた一巻はたいへん読みにくい。記述がぐねぐねしているのみならず、註がついて、その先にさらに註がつき、またさらに註がつくという入れ子状の構成になっています。

この『資本論』のつくりはユダヤ教のタルムードに非常に近い。ユダヤ教の旧約聖書の最初の五つをトーラー（モーセ五書）といいますが、タルムード学は、このモーセ五書にかんする註をつけて、その註について議論を深めるという学問です。

タルムード学者は、制度化された大学の学者にはなりません。だいたい一人で自分の家にこもりタルムードの研究をする。昼間あえて暗幕のカーテンを閉めて蝋燭《ろうそく》をつけて本を読むなど、変わった人がたくさんいます。ものの考え方は偏狭《へんきょう》で、しかもタルムード学は、なにかを理解するために研究しているわけではありません。タルムードの真理をすべて解明し終えるときは、この世が終わるときだからです。

「この世が終わるとき」という考え方は、ギリシャ語を勉強するとわかりやすい。

ギリシャ語の「テロス」には、「終わりであるとともに、目的であり、完成である」という三つの意味があります。ですから「目的を達成するときは終わり」なのです。いまだに欧米人はこの「目的」「完成」「終わり」という三つの概念をわけることができません。これらが一つものだと完全に刷り込まれています。

これは「目的論」という考え方で、この言葉はカギになる概念ですので、覚えておいてほしいのですが、ユダヤ・キリスト教の伝統世界においては徹底的に叩き込まれている世界観です。ユダヤ一神教に端を発する「はじまりがあって終わりがある」という目的論的世界観を欧米人はもっているわけです。この「目的論（テレオロジー）」を神学的にいうと、「終末論（エスカトロジー）」になります。

ところが、もともとギリシャにはそういう観念はなく、インドとおなじで「この世ははじまりも終わりもない円環を描いている」という考え方でした。「はじまりがあって終わりがある」という考え方は、ユダヤ教とキリスト教の影響によって、ギリシャに入ってきました。そして、ギリシャ語世界は、それを概念としてきれいに整理したわけです。

この感覚が、われわれ日本人には一番わかりにくいところです。というのは、インドより東側の文化圏にいるわれわれにとって、この世は「はじまりも終わりもない円環を描いている」という理解です。目的論的世界観の外にいるわれわれが、ヨーロッパの思想や行動様式・感情を知るためには「目的論＝終末論」の理解が不可欠になります。

つまり、ユダヤ・キリスト教の世界では「この世の終わり」について「不安定なイメージ」ではなく「新しい世界の出現」という肯定的な、目的の達成というイメージがあるわけです。ですから、タルムード学が完成するときは「この世の終わり」であり、それは、ユダヤ教徒とキリスト教徒が考えるところによれば、「救いのとき」です。

マルクスの考える、資本主義社会の終焉《しゅうえん》と同時におとずれる労働者階級の解放とは、こういうイメージにもとづいています。つまり、『資本論』には終末論が組み込まれているわけです。

「来る」と言って来なかったイエス

ここで、ユダヤ教とキリスト教の考え方の、根本的な違いを説明しておきます。

「この世の終わりが救済のときだ」と考える点では、ユダヤ教とキリスト教はおなじ構成をもちます。しかし、キリスト教の場合は、紀元前三年頃から三〇年頃、イエスという男がパレスチナに現れた、ちょうどそのときのパレスチナが、人類史のなかで一番悲惨な状況だと考えます。

ちなみに「イエス」とは、「太郎」や「次郎」のような、当時のパレスチナによくあった男性の名前です。たいして「キリスト」は姓ではありません。「油を注《そそ》がれた者」という意味です。ユダヤでは王様の就任儀式のさい、王の頭に油を注ぎます。「油を注がれた者」とは救済主を意味します。「イエス・キリスト」は「イエス・キリストを唯一の救い主だと信じる」という信仰告白なのです。

キリスト教の場合、人類史でもっとも悲惨な状況にあった紀元前三年頃から三〇年までのパレスチナに、神が、そのひとり子であるイエス・キリストを遣《つか》わした。

イエス・キリストは、まことの人であり、まことの神である。まことの人であるから食事もするし、排泄《はいせつ》もする。ただし人間と違うところは原罪をもっていない。にもかかわらず刑事犯として十字架にかけられて死んでしまった。それによって人間の罪のあがないをした。

だから、人間がもっている罪は、イエス・キリストによって先取りされて、すでにわれわれは救われる最低の元本保証がある。これがキリスト教の考え方です。

イエス・キリストは「私はすぐに来る」といい残していなくなってしまいます。「すぐに来る」といったので、弟子たちは、少なくとも自分たちが生きている間に、必ず雲に乗ってイエスがやって来ると考えていた。ところが、なかなか来ません。三〇年たっても来ない。そうすると不安になってきます。これを神学では「終末遅延」といって、いまでも非常に重要な問題なのです。

キリスト教徒は基本的に、この世の終わりを信じています。終末は必ず来ます。ただ遅れているだけです。いまだいたい一九八〇年くらい遅れているわけです。遅れてはいるが必ず来ると信じているわけです。

聖書が、なぜ紀元六〇、七〇年から一一〇年くらいに書かれたのかを解く鍵も、ここにあります。イエス・キリストの弟子たちにとっては、この世の終わりが近いから、一人でも多くの人間に悔《く》い改めさせて終わりの日（救済の日）に備えさせることが重要で、文章を書いている余裕などなかったわけです。ところが終末が遅延しはじめたので、イエス・キリストがなにを語っていたのか、どういう行動をしたのかについて記録を残さないといけない、と考えてつくったのが聖書です。

ところで、記録を残すということを考えてみると、文字を書いて記録する人たちはあきらかにインテリです。神学の特徴は文字にすることです。聖書にしてもなんらかの概念操作をおこなって文字にするわけですから、そこに知的な働きがあるわけです。

キリスト教は、つねにその時代に影響力をもつ哲学から形式を借ります。

聖書が書かれた当時に主流だった哲学は、グノーシスという考え方です。これは、特殊な智恵をもって修行をすることによって救済の道が得られるというものです。

人間の能力や修行を重視することは、仏教用語でいうと「自力本願」です。

浄土真宗の信者の方はよくわかると思いますが、日本の宗教でキリスト教と一番近いのは、じつは浄土真宗です。つまり「絶対他力」です。絶対他力におすがりして、「南無阿弥陀仏」とお念仏を唱えるのも仏の力の働きによるのであって、自分の自発的意志ではない。聖書を読むのもおなじことで、自力の要素はいっさい認めないのがキリスト教の教義です。そこまで徹底することが重要です。したがって、その本質において、キリスト教は智恵であるとか学問というものとなじみません。

日本の感覚からすると、明治期以降、近代とともにキリスト教が入ってきたので、キリスト教とアカデミズム、キリスト教と知性は、どちらかというと相性がいいと思われていますが、これはまったくの誤解です。キリスト教の本質は「反知性主義」です。

反知性主義とは、実証性や客観性を無視ないし軽視して、自分が理解したいように世界を解釈する態度のことですが、私がここでいうキリスト教の反知性主義とは、知性の限界をぎりぎりまで極めて、信仰に飛躍するということです。そういう逆説的な意味で、キリスト教は知的営為をたいせつにします。

中世の終わりはいつか

さて、ヨーロッパでは、長い中世の時代を経て十八世紀から啓蒙主義がおきました。啓蒙主義の話に入る前に皆さんにおたずねします。中世とはいつが終わりでしょうか。

中世と近世を分ける区分としてルネッサンス、宗教改革、三十年戦争など、いろんな学説がありますが、中世の終わりは一六四八年のウェストファリア条約です。このウェストファリア体制を境に、宗教が基準で動いていた時代から、国家が基準で動く時代になりました。ですからルネッサンスはもとより宗教改革も中世です。

中世の終わりがいつかについては、西欧でもマックス・ウェーバー（1864－1920）で有名なドイツ西南学派が、おなじ見解です。じつはマックス・ウェーバーはずいぶん変わった人です。相当バランス感覚に欠け、アップダウンが激しい。著作でも調子がいいときのもの、テンションが高いときに書いたものは内容が凝縮されていますが、テンションが低いときに書いたものはスカスカな感じです。『プロテスタンティズムの倫理と資本主義の精神』も、キリスト教にかんする部分はほとんどパクリです。では、パクリの原本は何かというと、同じアパートに住んでいた歴史学者でありキリスト教神学者であるエルンスト・トレルチ（1865－1923）です。

このエルンスト・トレルチが、一六四八年のウェストファリア条約が中世の終わりだといっており、期せずしてソ連の学説とおなじ結論になっています。このトレルチの業績は重要なので、あとで解説します。

右翼と左翼

啓蒙主義の考え方は、フランス革命の左翼と非常に近いものです。左翼、右翼という言葉はフランス革命のときに生まれました。フランス革命後に開かれた国民議会（国民公会）で、議長席からみて左側にいる人たちが、左翼と呼ばれました。

左翼の人たちは、「進歩を信じる」という考え方です。また、人間の智恵や力で理想的な社会を組み立てることができると思っている。つまり、その人たちは基本的に合理性を信じています。人間には皆おなじように理性が備わっているから、時間をかけて議論すれば、必ずひとつの真理に到達して、理想的な社会をつくることができると考えるわけです。

それにたいして、議長席の右側に座っていた人たちが、右翼です。

右翼の人たちは、理性の力には限界があり、また人間は刷り込まれた偏見からなかなか抜けだせないと考えます。しかも、いくつもある偏見と結びついているのが伝統であり、宗教であり、そういうものから人間はなかなか自由になれない。だから真理を一つに確定することなどできない。それゆえ多元的な社会が望ましいし、お互いに寛容なシステムをつくらなければならない、と考えます。右翼は左翼が存在してはじめて生まれます。

ここ数年、実感しているのですが、右翼思想の水準が排外主義やヘイトスピーチのように非常にお粗末で低くなっているのは、じつは左翼思想の水準が低くなっているからです。ほんとうに右翼に危機感を抱かせるようなすぐれた左翼思想がでてくると、右翼の方でもすぐれた思想がでてくるものです。

戦前でも、一九三〇年代にくり広げられた日本資本主義論争で、講座派と労農派が徹底的な議論を重ねるなか、ありとあらゆる分野で学問的な掘り下げがおこなわれました。そうすると、右の方でも西田幾多郎《にしだきたろう》（１８７０－１９４５）や田辺元《たなべはじめ》（１８８５－１９６３）をはじめとする京都学派のような、現代哲学とじゅうぶん対抗できる右翼思想がでてくるわけです。

右と左、この定義からすると、日本の官僚はどちらに当てはまるでしょうか。

日本の官僚は、合理性を重視して、なおかつ、自分たちの力で理想的な社会制度を設計できるという考え方をもっていますから、非常に左翼的です。

その意味でいうと、一九三六年におきた二・二六事件の青年将校らによる〝世直し〟である国家改造計画も、基本的に左翼的です。二・二六は日本をファシズムが覆《おお》いつくす転換点となりましたが、これは官僚化した軍人がおこしたものです。この事件を契機に、政治家や財界人、言論人は萎縮《いしゅく》し、軍事官僚の勢力伸張を招いたわけです。

もともと、右翼は多元主義で非合理主義で寛容で、基本的に国民皆兵型の軍隊が嫌いです。国民皆兵で命令されて軍隊に行くのは嫌なので金をだして傭兵にやらせておけばよい、という発想です。左翼は国民皆兵が好きです。みんな国のために尽くせということです。

いまの日本の現状をみて、右翼と左翼がどこでどうねじれてしまったのかという研究もおもしろいと思いますが、この原型のところの右翼に私は非常に魅力を感じます。

たとえていえば、むしろ右翼の世界が猫で、左翼の世界が犬のような感じです。

トレルチの発見――コルプス・クリスティアヌム

乱暴にいうと、神学の歴史とは、キリスト教の正しさを証明しようとした歴史です。啓蒙主義時代のキリスト教徒は、歴史的実在としてイエスを確定することはできないが、キリスト教の教義はイスラム教、ユダヤ教や仏教と比べてすぐれていると考えていました。ドイツの哲学者ヘーゲルもそうです。ヘーゲルの『哲学史』にはインド、中国、オリエント、ペルシャの哲学を論じた項目が立てられていません。それらは哲学の前史であって、哲学はギリシャから始まり、その完成形態がドイツ哲学であるとヘーゲルは考えます。

「オリエントではたった一人だけが自由であった。中国やインドにおいてもそうだった。古代ギリシャ、ローマでは一部の人たち、すなわち貴族だけが自由だった。それにたいし、ゲルマンの世界ではすべての人が自由である」とヘーゲルはいいます。

このヘーゲルの哲学史認識と、この時代のキリスト教神学の認識はおなじです。ユダヤ教も仏教もイスラム教も、キリスト教と比べれば低次元のところで真理を語っているにすぎない。したがって、キリスト教さえわかれば他の宗教も全部わかると考えたわけです。

さきに紹介したキリスト教神学者のトレルチは、この作業仮説を実証的に裏づけようと、二十年あまり取り組んだ結果、「論理においてキリスト教が他の宗教と比較して正しいとはいえない」という結論に至りました。誠実に研究すればするほどキリスト教の正しさが証明できない、というパラドクスに陥《おちい》ったわけです。

そこでトレルチは、文化類型的な見方にすすんでいきます。

つまり、われわれが常識と思っているこのキリスト教世界は、じつは三つの文化原理が混ざり合ってできた一つの有機体ではないか、かれはこれをコルプス・クリスティアヌム（キリスト教共同体）であると考えました。キリスト教世界とも訳されるそれは、①ユダヤ・キリスト教の一神教の伝統、②ギリシャ古典哲学の伝統、③ローマ法の伝統、この三つの伝統が合わさってヨーロッパ世界は構成されている、という考えです。そのヨーロッパが、一六四八年のウェストファリア条約以降、世界に広がっていくことになります。

なぜウェストファリア条約以降なのでしょうか？　ここがポイントです。コルプス・クリスティアヌムの構成原理は、近代以降、キリスト教という宗教から離れて「文明」という一つの国際社会の常識となり、普遍的な原理になっているというとらえ方です。ヨーロッパ地域における一つの文化総合としてコルプス・クリスティアヌムはある、という考え方がトレルチによって提言されたのです。

ちなみに、この考え方はいまも生きていると私は思っています。たとえば東西冷戦が終わったあと、NATOの第一次拡大はポーランド、チェコ、ハンガリーにたいしてなされました。第二次拡大はエストニア、ラトビア、リトアニアなどにたいしてなされた。これらの国は歴史的にカトリシズムまたはプロテスタンティズムの国です。要するに、コルプス・クリスティアヌムの枠組みのなかにあった国です。

これは、現在のユーロ圏を考える上でも重要な視点です。ところが日本にいると、日本のキリスト教徒はプロテスタントとカトリックの影響が圧倒的に強いですから、その二つの流れしかみえません。しかし、キリスト教にはこの二つ以外にたくさんの流れがあります。

ここで押さえたいのは、ギリシャ正教やロシア正教などの正教（オーソドクシィ）の流れです。西欧と東欧の考え方の違いを理解することで、現在ゆれ動いている国際政治の「見えない動き」がわかります。

＊ヘーゲル（1770-1831）　ドイツ古典哲学を代表する哲学者。これまでの哲学史を総括し、歴史に最終的な結論をくだそうとする体系的哲学を立てた。主著に『精神現象学』『大論理学』『法の哲学』

西欧と東欧の違いとは――東西キリスト教会の分裂

正教の世界は、ユダヤ・キリスト教の一神教の伝統をもち、ギリシャ古典哲学の影響も強いのですが、ローマ法の伝統がほとんどありません。いわゆるローマ法（『ユスティニアヌス法大全』）は、ビザンツ世界ではほとんど機能せず、ましてやロシアをはじめとするスラブ世界では、まったく無視されました。

これが東西ヨーロッパの考え方の違いを理解するポイントの一つです。なぜロシアがEUに統合されないのか、さらになぜギリシャが経済危機に陥ったのかも、この視点からわかります。

それと同時に、東西ヨーロッパのキリスト教の流れに分岐をもたらしたのは、一〇五四年の東西キリスト教会の分裂（シスマ）です。分裂の理由は二つあります。

一つは、ローマ、アレクサンドリア、アンティオキア、エルサレム、コンスタンティノープルの五つの主教座教会のなかでローマ教皇が一番偉い、と考えたことです。

イエス・キリストがペトロに「あの岩の上に教会を建てろ」といった。「ペトロ」にはかけ言葉で「岩」という意味があり、それを根拠としてローマのサン・ピエトロ寺院は岩の上に建っています。そして、キリストがペテロに「天国の鍵を授ける」といったので、ペテロが信徒の中で一番だということになっている。そういう理由から、ローマ教会は「ローマ教皇こそが天国への鍵をもつ」といったので、ローマ教皇を首位と認めるローマ教会と、ローマ教皇は他の教会の長と同じ位置であると主張する教会、とくにコンスタンティノープルとの闘いになったわけです。

カトリック教会の特徴とは「救済の確実性」です。私が悪いことをしたとすると教区司祭のところに行って懺悔《ざんげ》します。たとえていえば、銀行の窓口の職員にいうと、それを東京のブロック長に伝える。するとブロック長が本店に伝えるというシステムで、どんどん上げていく。そして最後は、ローマ法王からキリストを経由して神様のところに行くので、確実に救われるというわけです。それにたいして、プロテスタントには救いの確実性はありません。

「救い」に介入する国家

もう一つの神学的論点が、フィリオクエ（filioque）の問題です。フィリオとは「息子」、クエとは「アンド（and）」ですから、この言葉は「息子からも」という意味です。キリスト教の神様は一つなのですが、「父なる神」「子なる神」「聖霊なる神」ということは、三つの神がいるけど、いったい神学的にどう整理したらいいのか、という問題です。

もともとニカイヤ・コンスタンティノポリス信条（三八一年）には、「聖霊は父より発出する」と書かれています。それを五世紀頃、スペインの教会が「聖霊は父及び子から発出する」と、

「フィリオクエ」という言葉を挿入して変えたわけです。

フィリオクエのあるなしでどう違うのか。「聖霊は父及び子から発出する」では、父と子の両方から出てくるように思えるわけです。ところが、父については子を通してしか知ることができません。要するに、イエス・キリストを抜きに神について知ることができない、というのがキリスト教の基本的な考え方です。

しかし、キリストは死んでしまい、キリストから直接父なる神を知ることはもうできません。では、なにがキリストの考えだったのかということを、だれが決めるのでしょう。それは教会が決めるわけです。聖霊によって人は救われますが、カトリック教会以外に聖霊の発出するところはなく、したがって、教会を経由してしか神を知ることができない、というドクトリンになってしまいます。

結論からいうと、カトリックは神懸《かみが》かりを認めません。「私に聖霊が降りてきて神懸かりになった」だとか、教会に対抗して「私に神様が降りてきて啓示を受けた」という異端がおきないようにするため、フィリオクエを挿入して、教会による聖霊の独占を謀《はか》ったわけです。組織をきちんと整えて、そのなかで救済がある、この組織に入れば生き残っていくことができるという発想は、とてもカトリック的です。

なぜ、官僚階級論でこのような神学の話をするのかというと、中世に確立したコルプス・

クリスティアヌムが近代に向かうなかで世俗化されていく。そのプロセスで、この教会の位置、救済の位置が、容易に国家に転移するからです。それによって、カトリック圏・プロテスタント圏の人間に「国家を媒介にして人々が救われるのだ」という刷り込みがなされるわけです。では、ヨーロッパから少し距離のあるロシアの場合はどうでしょうか。

神懸かりの容認——ロシア思想のおもしろさ

カトリック圏の影響外にあるロシアやルーマニア、あるいはギリシャでは、神懸かりがけっこうでてきます。聖霊が父からダイレクトに個人に降りてくることがあり得るわけです。なぜなら、「父から発出する」のであって、「子（キリスト）から発出する」という限定がないからです。

ロシアには「イエローフィ」（神に狂える者）という言葉があります。ロシア正教の聖人には、立派な生活をして聖人になる人と、わけのわからないことをいいながら裸で歩いたり、教会や金持ちの家に石を投げて罵倒するような、表面上は狂人のようにみえる人が、聖霊に満たされた特別な人とみなされ、聖人視されることがよくあります。ドフトエフスキーの小説『罪と罰』にも神懸かりが登場します。金貸しの老婆の義妹リザヴェータです。

ロシア正教では「神が人になる」とは「人が神になるためであった」と強調します。したがって、神懸かり的な運動がけっこう多くあり、個人が中間的な媒介物を経ずに直接、救済の世界に行くことがよくあります。

つまり、ロシアの場合は、国家を媒介にして人間が救済されるとか、生命の意味とか、民族の意義を考えません。そこがロシア思想のおもしろいところで、国民国家に包摂されない国家像がでてきます。

ほんとうは、こういう議論をするときは、日本書紀や古事記、聖徳太子の十七条憲法や万葉集によってわれわれの共同体概念を掘り下げていかなくてはならないのですが、残念ながら日本には歴史学的、社会学的にその種の先行研究が少なく、研究が蓄積されたヨーロッパとロシアというような類比でやらざるを得ないのが現状です。

第4章　国家に隠れる官僚階級

労働力商品が資本主義の核心

ではここで、マルクスの『資本論』の論理をかんたんに説明しておきましょう。

マルクスの『資本論』はすぐれたテキストです。すぐれたテキストは首尾一貫した複数の読み方ができます。

これは私の仮説ですが、人間の命は一つでも魂はいくつもあるからだ、ということです。沖縄のユタ（占い師）にいわせると、人には七つの魂があるそうです。だとすると、七つくらい別々の考え方が一つのテキストに入っているのは、ごく当たり前のことではないかと思います。そのうちのどの部分をつまんで読むかによって構成が変わってくるということです。私の『資本論』の読み方は、基本的に宇野弘蔵《うのこうぞう》の解釈を導《みちびき》の糸にしています。もちろん、別の立場から別の読み方もできるでしょう。ただ宇野弘蔵に依拠して読むことは、論理整合性の上でも非常にすぐれているし、ディベートになったときには、ひいきの引き倒しではなく、もっとも強いのではないかと思います。宇野は〈原理論〉で純粋資本主義のモデルを組み立てる中で、資本—資本家、土地—地主、労働力—労働者という三大階級によって、資本主義システムの内在論理を分析しました。

資本主義はどのようにして生まれたか。

宇野の読み方によると、商品経済は、最初は部分的なものでした。ところが十六世紀末から十八世紀にかけて、ウールが世界的に大流行します。木綿や麻より丈夫であたたかいヨーロッパ製の毛織物がアジアやアメリカでも歓迎され、世界貿易でものすごく儲かるものになります。羊毛産業はオランダでも活発でした。もし、オランダが湿地帯でなく羊をたくさん飼う場所があったなら、世界の羊毛産業の覇権をオランダが維持できたかもしれません。その意味で、イギリスの地理的環境が牧羊に適していたのは、たまたまだったわけです。

十八世紀の終わりから十九世紀初めのイギリスで、ウールをつくるために牧羊する広い土地が必要になり、農村が分解され、それまで住んでいた農民たちが土地から追い払われてしまう（エンクロージャー）。そのことによって、労働力以外には何ももたない近代的プロレタリアート、新しい階級が生まれてきました。

宇野弘蔵は、「労働力商品」は非常に特殊な価値を生産できる商品である、と考えます。労働者は「二重の自由」をもっている。一つは土地や身分にしばりつけられていないという自由。二つめは、生産手段からの自由。自分で機械とか道具をもっているわけではないので、自分の労働力を売る以外にメシを食う方法がない。こちらの自由は皮肉にいっているわけですが、この二重の自由をもったプロレタリアート、すなわち自分の労働力を、生産手段をもつ資本家に売る以外に生きていく方途《ほうと》をもたない労働者、という存在が労働力商品ということです。

「労働力商品」の価値とは労働力の値段、つまり賃金です。

ある人が工場で部品の組み立てをする。その一ヵ月分の給料が二十万円として、それに合意して自分の労働力を資本家に売ってしまった以上は、資本家にいわれた通りの仕事をしなければなりません。一ヶ月間で二十万円の賃金とは、まず第一に、家賃を払って、ご飯を食べて、休息もとって、次の一ヶ月もまた働くぞ、という労働力再生産のためのエネルギーを取り戻すためのものです。第二に、結婚し子どもを育てていく労働者の再生産のための費用。三番目は技術革新についていくために労働者自身が学習する教育費用です。

ところが、いまの日本では、教育は自分でやれ、住宅手当もなくせという方向になり、なし崩し的に実質賃金が切り下げられています。

＊宇野弘蔵（1897-1977）　日本の代表的マルクス経済学者。マルクス『資本論』研究を原理論、段階論、現状分析の三つに分けておこなった。主著に『恐慌論』『経済原論』『経済政策論』など。

資本家見習いとしてのマルクス

ただし、この労働力商品の値段に含まれるものは、つねに変化します。というのは、欲望の水準は、時代の文化や経済水準によって変化するからです。五十年前にはそのなかに入っていなかったエアコンや自動車、スマートフォンは労働力を再生産するための必要条件として入ってきます。

ただし、ポイントは、労働力商品が仮に二十万円だとしても、それは労働の価値ではなく、資本家が買う価格だということです。もしその人の労働力が二十万円しか価値を生まないならば、資本家はその人を雇っても意味がありません。支払った労働力商品の価格＝賃金以上に稼いでくれるから雇うわけです。この差額（もうけ）を「剰余価値」とマルクスは呼んでいます。剰余価値は、資本家が労働力商品を買った結果として得るものですから、これは当然の権利として資本家のものです。

マルクス『資本論』は、プロレタリアートの視点というより「資本家見習い」の視点から書かれています。将来、資本家になる人に資本家からみたこの社会のからくりを説明しているわけです。搾取《さくしゅ》は道義的に非難されることではない。自由と平等を前提にしておこなった結果、剰余価値が得られる。それが「搾取」です。たいして、人のもっているものを、暴力を背景に「おい、よこせ！」といって盗っていくのは「収奪」です。

では、農民から取り立てる年貢は搾取でしょうか、それとも収奪でしょうか。

年貢を取り立てるのは収奪です。搾取はあくまで納得ずく、合意のうえでおこなわれることで、そこには不正がない、というのがマルクスの論理です。

税金がでてこない『資本論』

それでは、われわれが納めている税金は、搾取でしょうか、収奪でしょうか？

さきに紹介した『剰余価値学説史』（資本論第四巻）を読んでみるとわかりますが、マルクスはリカードの『経済学および課税の原理』を研究しています。マルクス『資本論』の種本になったのは、これです。ただし、『資本論』第一巻第一章の価値形態論だけは、本質的に異なります。また、リカードの本は、およそ半分が課税の話ですが、『資本論』には課税の話がまったくでてきません。ですから『資本論』は、税金を考えていない社会の論理です。これは柄谷行人さんが最初に指摘したことです。

マルクスは、社会から資本家・地主・労働者の三つの階級が生まれるというモデルを考えました。このモデルに登場するプレーヤーは、工場や企業体を所有して剰余価値、利潤をあげている資本家、そして土地をもって地代を得ている地主、それから労働力商品の対価としての賃金を受け取っている労働者です。

商品からスタートして、『資本論』は第三巻の「諸階級」で終わりです。商品経済はこの三つの階級によって成り立つという構成ですが、そこに国家はでてきません。

なぜ『資本論』では、国家が取り上げられていないのでしょう。国家と税金と官僚は、じつは一体です。国家は抽象的な存在ではなく、実質は官僚が運営しています。そして官僚の給与はどこからでているかというと、われわれが払っている税金です。官僚と税金、この関係がポイントです。

徴税は国家に埋め込まれている

ところで、われわれは、税金をなぜ払うのでしょうか。

それは逆に考えればわかりやすい話で、税金を払わなければ取りにきます。あれこれ文句を言っていると、脱税容疑で東京拘置所へ拘置されます。

非常にシンボリックなことですが、国税庁の案件に警視庁の捜査二課は出てきません。必ず中央官僚である東京地検特捜部です。脱税で捕まると国事犯になります。

ここに象徴されるように、徴税は、国家の本質と密接にかかわっています。税が、国家の論理に埋め込まれているからこそ、特捜部がでてくるわけです。税金を払わないと取りにくる、そしてその強制力として暴力を使う。「俺は税金を払うとあんたらに約束していない!」という論理は通用しません。つまり、自由・対等の関係ではないわけです。ということは、徴税は搾取ではなく、あきらかに収奪です。

国家がなくても資本主義がまわるということならば、徴税機能も国家もいりません。しかし、国家の暴力性に裏打ちされていないと、資本主義システムが崩壊することになります。

国家には、国家を支える具体的な人間が必要です。それが官僚です。官僚を維持するにはお金がいります。だから徴税するわけです。

ところが、マルクスは、国家システムの解明を最初は考えていたと思います。

マルクスは、国家という要素を入れると社会の動きがわからないということで、国家をいったんカッコに入れた。そこが重要な点で、マルクスに国家論がなかったのではなく、社会を分析しないと国家がでてこないことに気がついたのです。そして、社会の構造を解明しているうちに持ち時間が終わってしまった、ということだと思います。

したがって、マルクスの言説を発展させていくことは、社会の外側に国家があるというマルクスの基本的な考え方を踏襲していくことだと思います。

そうすると階級は、じつは四つになります。資本家、地主、労働者、そして官僚階級です。

官僚階級の再発見

『共産党宣言』でマルクスは、「すべての歴史は階級闘争の歴史である」といいましたが、私は、二十一世紀の日本で、これをもっともうまく利用したのは、元首相の小泉純一郎さんだと思います。なにかあったときに「階級闘争だ!」といえば一番力が出ますから。

二〇〇五年の九・一一総選挙は、官僚階級にたいする闘争を小泉総理が国民に呼びかけた象徴的なできごとでした。郵政民営化の話です。

たしかに郵便事業は赤字です。しかしその赤字の補塡《ほてん》は郵貯と簡保でなされているわけで、税金は使われていません。ところが、「非効率をなくせ」「あいつら公務員だからこんな横着をしているんだ」、小泉さんがそういったとたんに、そのスローガンが日本の圧倒的大多数の非公務員の心を打ったわけです。不景気なのに税金だけはとられる。ところが公務員の中には豪勢な生活をしている奴がいる。「ふざけるな。これはやっぱり官僚という一つの上流階級だ」と煽《あお》り、火をつけることに成功したのだと思います。

ただし、小泉さん自身がどこまでそれを自覚していたかは別で、歴史において大きなことがおきるとき、当事者の自覚がどうだったかは関係ありません。事後的にどう説明できるかという後知恵が重要です。

このことを哲学者ヘーゲルも「ミネルヴァのフクロウは夕闇を待って飛び立つ」と表現しています。ミネルヴァは学問芸術の神、ふくろうも智恵の象徴です。「哲学者の仕事は、終わったことを後知恵でどう説明するかであって、先の予測は哲学の仕事ではない」ということをヘーゲルはこの比喩で語っています。これは非常にいい言葉です。

第5章 『久米島史話』にみる官僚たち

唯物史観をくずす

ではここから、仲原善忠の『久米島史話』を手がかりに、国家とは何か、そしてそれを具現する官僚階級の本質について、考察してみたいと思います。

なぜそんなローカルな史料から出発するのか?と思われるかもしれませんが、それは、唯物史観くずしをやりたいからです。いわゆる唯物史観という呪縛からわれわれは抜け出さなくてはいけません。原始共同体↓アジア的生産様式↓封建制↓資本主義社会と、段階を踏んで歴史が発展していくという思考パターンから、脱却しないといけないのです。

段階を追うのはいいでしょう。しかし、原始共産制からアジア的生産様式、封建制そして資本主義と、段階を踏んで発展していくと考えることじたいに意味はありません。これを体感するために、私自身のルーツでもある久米島の歴史を手がかりにやってみようということです。

唯物史観の批判という点において、私はいまのところアーネスト・ゲルナーを超えるような言説はないと思っています。

イギリスの社会人類学者アーネスト・ゲルナーは、社会の歴史を基本的に三段階に分け、第一段階は前農業社会（狩猟採集社会）、第二段階は農耕社会、第三段階は産業社会の方向に発展してきているといいます。

ここで考えてみてほしいのですが、産業社会から後戻りすることを、頭のなかで想像することはできても、現実には大量飢餓と人口の著しい減少をもたらします。人間も生物ですから、自己増殖の遺伝子情報が埋め込まれています。だから、農本主義的なものは、モデルとしてはあり得ても、じっさいにやろうとすれば、かつてカンボジアでおきたポル・ポトの大虐殺のようなことになります。あの大虐殺は、農本主義社会を本気でつくろうとしたからおきた必然的な結果です。農業だけに頼って、工業化をせずに養える人口の上限は非常に低いからです。

ちなみに、農業をどうみるかについて、私は柄谷行人さんといろいろ議論をしてきました。よく考えてみると人間とは動く動物ですから、定住するのは本来おかしなことです。なぜ定住せず動いた方がいいのか。それは定住すると二つの問題がでてくるからです。

一つは、食料を継続的に採取するのが難しくなり、栽培しなくてはならなくなります。

二つめは、汚物処理の問題です。移動するなら、排泄物はたれ流し、食べカスもそこらに捨てればいいですが、定住するとなればそれを処理しなくてはなりません。このコストがなかなか大変です。したがって、移動している方が自然なのです。

考古学的な調査の結果、狩猟採集に必要な労働時間は、通常三、四時間。それで必要なカロリーは取得できていたことがわかっています。狩猟採集ができないと全滅する危険もありますが、現代社会より狩猟採集社会の方が圧倒的に余暇は多かった。つまり、定住は不自然な現象なのです。にもかかわらず、人間が定住するようになったのはなぜかということです。

＊アーネスト・ゲルナー（1925－1995）　社会人類学者。パリ生まれのユダヤ人。一家でプラハに移住するもナチスの迫害によってロンドンに亡命。93年までケンブリッジ大学教授を勤め、その後プラハに戻る。主著『民族とナショナリズム』では、民族とナショナリズムが産業社会の進展によって生まれた虚偽意識であり、近現代人の逃れがたい病理であることを原理的に解き明かしている。

征服する国家——国家の原型

柄谷さんは、生産力が上昇して大規模な灌漑《かんがい》農業をおこなう農業社会になったのではなく、じつはその逆で、一つの共同体を征服した国家が、人々を従わせて土木工事をやらせ、農業に従事させたという作業仮説を立てています。

つまり、農業とは暴力装置とともに生まれてきたのではないか。まず国家があって、人々を強制的に定住させて働かせる。奴隷として使役して灌漑農業をやらせる。国家とともに農業が生まれ、支配階級がむりやり農業をやらせたのではないか。そのように考えてみると、国家の本質を解く鍵もみえてきます。

柄谷さんは、さまざまな共同体の関係を、大きく三つのモデルに分けています。

一つは、略奪《りゃくだつ》です。共同体と共同体が接触したときに、基本的には相手の共同体を襲《おそ》うことが動物としての人間集団にとって普通ではないのか。相手集団を襲い、その集団がもっているものを略奪する。あるいは奴隷として使役する。これが国家の原型ではないのか。

二つめは、しかし相手の集団があまりに強くて自分たちが負けるかもしれない、あるいは戦えば両集団の犠牲が極端に多いと予測される場合は、やむを得ず平和裡の交換、交易関係をもつのではないか。

さらに三つめは、征服して略奪するよりも、つかまえて奴隷としてある程度食わせ、管理し、育てたうえで自分たちのために働かせる。要するに、生かして自発的に服従させるという発想。フランスの哲学者ミシェル・フーコー（1926－1984）がいうところの「生―権力」が生まれてくるのではないか、と柄谷さんは作業仮説を立てて考えています。これは非常に興味深い視点だと思います。

征服者が城を築くわけは？


これから見ていく久米島の物語を、私はとてもおもしろいと思っています。

久米島にいつ頃から人が住んでいたのか、考古学調査では紀元前から住んでいたと考えられ、八世紀の奈良朝に朝貢に訪れています。しかし、首里にあった琉球王国の支配下には、十六世紀まで入っていません。

久米島は十五世紀の終わりに外からやってきた按司《あじ》に統治されます。按司とは、規模は小さいですが、沖縄以外の日本の歴史でいう大名にあたるものと考えていいと思います。

外来の支配者として按司が入ってくるまでの久米島は、「ひや」という、共同体から選ばれた代表が政治エリートとして統治していました。しかし、「ひや」が統治している時代の久米島には城がありません。ところが按司が入ってくると城ができる。

ここであきらかなのは、城は、周囲の住民が攻めてきて支配層が寝首をかかれないようにするためにつくったもの、ということです。他国に対する防衛としてではなく、外来の支配者である自分たちが、久米島の住民からいつ襲われるかわからない。叛乱《はんらん》を恐れ、自分の身を守るために城をつくっているわけです。したがって、城を築くことによって、あきらかに異質な国家、柄谷さんがいうところの、一つの共同体が他の共同体を征服するかたちで国家が生まれたのではないかと考えるわけです。

久米島生まれの仲原善忠は、沖縄学の父、伊波普猷《いはふゆう》の次の世代で、たいへん大きな影響を沖縄学に与えました。琉球研究に没頭した彼は、歌謡の「おもろ」解釈をはじめ、久米島の太古からの歴史を研究しています。それでは、仲原が書いた『久米島史話』を読みましょう。これは十五世紀のはじめ頃の話です。

＊仲原善忠（1890－1964）　歴史・地理学者。久米島仲里間切真謝に生まれる。卓越した沖縄学者として沖縄の民俗、言語などにかんする研究をおこなう。『久米島史話』は1940年に出版された。

長いものには巻かれておけ！

（二）按司時代
七　初期の按司達
久米島にあらわれた按司は誰が初めてであるかよくわからないが、恐らく島尻のトクジムの上にあるユナニ城（与那嶺城）と言うのが初めてではなかろうかと思う。（中略）

具志川城《ぐしかわぐすく》についてちゃんと記録が残っている。

またふつ按司（伊敷索《ちなは》按司などより四〇年ばかり前だと思う）が具志川城を築いた話は「ある時仲地の人、仲地にやと云う者、舟の梶を作ろうと思って、その時お嶽であった具志川城の所に行き、帰りがけに南の方青名崎を通ると、またふつ按司が城を建てようとして石垣を積んでいる。仲地にやはそばに参り「ここは殊更に地形がわるくよい城は出来ませぬ、北の方に行くと山があり、南と北西は断崖で東の方は少しひらいて、門も広く長く造れるよい地形になっており、城建てには最上の地と思います」と申上げたので、それではと仲地をつれてその土地を検分し、非常に喜び、ここに城を建てて住んだ。

（『仲原善忠全集　第三巻』 29ページ）

十五世紀の沖縄本島には、北山《ほくざん》、中山《ちゅうざん》、南山《なんざん》の三つの王朝がありました。この三山の間で覇権《はけん》闘争がおき、最後に勝ったのは中山王朝でした。おそらく、このとき破れた北山系統の按司たちが、久米島に逃げのびてきたと推測されています。

このときやって来た按司に、築城に最適の場所を「のろ」（沖縄のシャーマン）と関係している土着のエリートが教える場面が描かれています。つまり、「城をつくるならここよりもっと安全な場所がありますよ」といって自発的協力者になり、新しい支配者のヒエラルキーに入ることで生き残りを図っている物語とみることができます。

ではなぜ抵抗し、闘わないのか。

これは易姓革命《えきせいかくめい》の思想があるからと私は考えています。革命は「おこす」ものではなくて「おきる」ものです。天命が革《あらた》まって革命がおきるのです。だから、それに合わせて、正しい天の意志にしたがうかたちで、できるだけ長いものに巻かれるのが正しい革命思想です。天の意志が変わるところで支配者が代わるわけですから、それに抵抗するのは反革命の思想になります。沖縄土着の革命思想は「長いものには巻かれろ」です。けれども、封建制のように忠誠を誓うことはありません。天命が変わったからそれに巻かれているだけで、そいつが弱くなって天命が変われぱいつでもひっくり返してやる、こういうことです。

按司の死後、嫡子《ちゃくし》まかねこえ（真金声）があとをついでいたが、伊敷索按司の次男、まにくたる（真橈古樽）按司のために攻め亡ぼされたと言う。これらの按司が初期の人々であるが、何処から来たか、詳しいことは何も伝わっていない。

（同書　29－30ページ）

推察するに、沖縄本島の中で戦乱があり、破れた者が次々とやってきて、支配者同士で勝手に争っている。それにたいしては「奴らの闘いだ」ということで、住民は、極力巻き込まれないようにしているという姿です。

わが英雄はマキャベリスト——堂のひやの精神

「のろ」は女性で神官です。「ひや」は部族長です。久米島の地域共同体を守らなくてはならないということから按司に仕えていたわけですが、その按司たちが琉球王朝の尚真王《しょうしんおう》に滅ぼされるという局面になると、「ひや」はどうしたかという話です。

問　すると今までののろとか部落の頭であったひやなどは按司の臣下になったわけですね。

答　心の中では不平ながら武力に対抗することは出来なかったらしい。按司の城建てにもこの「のろ」や神女達が来てお祭りや「おもろ」「こわいにや」をうたっている。次に話す中城《なかぐすく》按司の城建てにも「おとちくはら」と云う「のろ」が手引きをしている。中城も具志川ももとはお嶽《たき》であったのが城になっているので、この按司達は武力で島の人達をおさえ付けて、「のろ」や「おひや」達の権力を奪い取ったのだろうと思う。多分、沖縄本土で尚巴志《しょうはし》に負けて久米島に来た連中が初めての按司達で、伊敷索はそ

の後沖縄から来た人達だと思うがこのことはここでは略しておく。（同書　30ページ）

八　中城按司と堂のひや

丁度その時具志堅（テエーヤントルーと言われている）と云う三人兄弟、もともと按司の家来であったがむほんを企てているとの讒言《ざんげん》に逢い伊平屋に逃げていたのが、このことを聞いて首里の王に願い出て征伐軍と一緒にやって来た。（同書　32ページ）

「のろ」は、新しい支配者に築城に最適の場所を教えるなど、自発的な協力を申し出ています。

城を築いた按司は、「堂のひや」を家来にして住んでいた。

ところがそこへ、この按司の支配をいやがって沖縄本島のよこにある伊平屋という島に亡命していた三人兄弟が、首里王府の手引きをして入ってきます。

三兄弟は予め城の様子を知っているから、五寸釘を三本と火を箱に入れて持っていて、長男が城の西側に廻り釘を石垣にさし込んで乗り越え城に火を付けたので忽ち火災をおこし、按司は面目ないと思い子供を堂のひやにたのみ、自分はしらし嶽に入り行方不明になってしまった。

堂の比屋はこの子を育てていたが後に野心を起し幼主の髪を結ぶふりをしてこれを殺して病死ととなえ、首里城に行っていろいろ頼み、自分を中城々主にして貰った。さて城主になった堂の比屋は得意になって真謝泊に帰り、迎えの人々を従え宇江城に帰ったが、主人を殺した罰であったか、大門の所で馬から落ち、はいていた剣に刺しぬかれて死んだと云うことである。

（同書　32ページ）

「堂のひや」は典型的な久米島のエリートの生き方です。強い者が来たら、まずそれにすり寄って、その権力者から全幅の信頼を得る。ところが状況が変わり、前の支配者の子どもを預けられると、そんな子どもなんか係累もないしたいしたことはない、と様子をみたあと殺してしまう。そして今度は、新しい権力者のいる首里に行って、「あれは病死しましたから今後はぜひ私にやらせてください」といって戻ってくる。戻ってきて権力を取れると思ったら、馬から落ちたとき自分の刀が刺さって死んでしまう。「堂のひや」が最後は落馬して事故死するというあたりは、仏教の因果応報物語を取り入れた構成です。

しかし、沖縄以外の日本で伝えられる英雄の姿とそうとう違いますね。「堂のひや」の行動は、権謀術数をもちいて権力を握る完全なマキャベリズムです。そして、その根本にあるのは、易姓革命の思想です。

先島は琉球王朝府の外部だった

「堂のひや」について書いた『おもろさうし』という不思議な叙事詩があります。『おもろさうし』は、琉球の首里王府が統治下の島々に伝わる神歌を収録、編纂したもので、古事記と日本書紀と万葉集を合わせたようなものです。

琉球王朝は三回に分けて蒐集《しゅうしゅう》していて、第一巻だけが琉球王府の話で、それ以外は沖縄のさまざまな地方や離島の話です。ただし、石垣島、宮古島、八重山列島、与那国島、西表島の話はまったくありません。これらは先島《さきしま》諸島と呼ばれ、琉球王朝府の外部だからです。この境界は、沖縄の歴史を語るとき、ひじょうに重要な意味をもちます。

先島問題は、いまも沖縄にとって深刻です。先島の人々は、自らの出身の島を基盤にした独自のアイデンティティを持っています。しかし、その独自アイデンティティが沖縄アイデンティティより上位を占めることはありません。それ故に沖縄（琉球）民族が成立する基盤が十分にあるのです。

プロローグにも書いたように、琉球王国を日本が解体した琉球処分はいまも封印されている歴史の一つですが、日本の中央政府は、「日本人である沖縄の同胞を守る」といいながら、日本の利益のために先島を切り離したのです。先島問題がでてくる深淵は、琉球王朝府のなかでの国家づくり、日本の中央政府による沖縄にたいする植民地主義的対応と、深く関係しているわけです。

先島と久米島

そして、先島とかなり性格を異にするのが、久米島です。久米島は琉球王朝に征服されたのが比較的早かったので、「堂のひや」をみればわかるように、いかにして自分たちの領分を手に入れるかという観点から、琉球王朝による先島侵略のときは、久米島が先兵になり、先島の情勢を分析して、もっとも強いインテリジェンス部隊をつくって、先島征服を実行するわけです。

琉球王府に任命された高級神官は沖縄本島では途絶えましたが、久米島にはいまだに一人、チンベー（君南風）という名で残っています。シャーマンとしてこの城跡の御嶽で、黄色い琉装で曲玉と草の冠をつけて神様と交信しています。この儀式は今も続いています。

問　堂のひやのお話は、わたし達はなんべんも聞きました。
　堂のひやは二人いるんでしょう。一人はとても学者で天文や気象を研究し天気予報を作ったり、また支那に行って紬の研究して久米島の人に教えたりした人、この人はその孫でとてもわるい人。

（同書　32ページ）

久米島の比屋定《ひやじょう》には「堂のひや」がつくった太陽石（ウティダ石）という日時計があります。暦《こよみ》がない時代に三メートルくらいの天然石に細かい線を刻んで、日が昇る島の位置から季節をつかみました。つまり、夏至には慶良間《けらま》列島のあの島から太陽が昇る、冬至のときにはこの島から太陽が昇る、この島から太陽が出る時期には中国に航海しても海は荒れないとか、稲の種をまくのはこの頃だとか、すでに十六世紀の時点でかなり正確な暦をもっていたと考えられます。この石が暦に使えるぞ、と見抜いたのも「堂のひや」です。航海技術にも相当すぐれていて、中国にも沖縄本島にも始終行っていたのはまちがいないようです。

地域共同体を守る「堂のひや」

問　それでも余りよい人ではなかったですね。主人の幼主を殺した位だから。

答　たしかにそうだ。併《しか》し私は、あなたがたが考えるように無条件に大悪人には考えないよ。そのわけは、あの按司達が城をつくり武力で人民を支配する前は、そんな主従関係はなく堂のひやは仕方なく中城按司と主従になったのだ。しかもこの按司たちはどうも沖縄本島から侵入して来たらしく城を作り「人民共祖税ヲ持ッテ来イ、持ッテ来ナイト承知センゾ」と云うわけで堂のひや達から見れば心から服しているわけではなく、むつかしく言えば妥協していたのだから、始っからの主従関係ではない。私は決して堂のひやに賛成するわけではない。殺すのは悪い、また殺さんでもいろいろ方法があったと思うが、矢張りあの人は頭がよく活動家で冒険心に富みまた野心もつよく、人民のために季節を教えたり養蚕を教えたりしたが、また非人情なこともした一種の英雄的の人だったと思うね。

（同書 34－35ページ）

仲原善忠は「堂のひや」をこのようにまとめています。

『久米島史話』がでたのは昭和十五年、日中戦争がはじまり「忠孝の教え」が強調されていた戦時体制下でした。そんな時期に、なぜ仲原は主君殺しである堂のひやを肯定的に評価する本をだしたのでしょうか。

かれは大変なインテリです。国際情勢にも通暁《つうぎょう》していて『日本外交史』、世界の偉人伝など子ども向けの本も書いていて、戦前のベストセラー作家でもありました。仲原はこれから久米島でおきること、沖縄でおきることを予測していたと私は思います。

「長いものにはとりあえず巻かれろ。しかしそれは共同体を守るためだ。強いものに忠誠を誓う必要などはまったくない。忠孝なんて意味がない。どうせ侵略者だ。嫌々従っていたんだから、預かっている奴の息子を殺してもかまわない」

かつての物語に仮託するかたちで、仲原善忠は、知識人として自分の共同体に伝えているわけです。今後はこのように生き残るんだ、という指針をきちんと伝えているのです。

久米島の共同体には、暴力をもつ国家とは別の原理が根づいています。

共同体から生まれてくる社稷《しゃしょく》、これが「堂のひや」です。たいして強力な軍事力をもって外からやってくる按司は、国家です。国家とは強いもので、そういうものと対峙《たいじ》し、闘うことは意味がありません。「負けるような闘いはしない。長いものに巻かれよ」というわけです。

ところが、様子が違ってきたら次の長いものに巻かれる。あるいは長いものが弱くなったら殺してでも自分たちが権力を取る。こういうマキャベリズムとプラグマティズムで世の中を渡っていくのが、あるべき共同体の姿であり、仲原善忠の共同体論だと私はみています。

アナーキズムの国家観と非常に近いのですが、こういうことが「堂のひや」の物語から読み取れるのではないかと思います。

外からくる国家、内から生まれる社稷

国家の原型を、一つの共同体が他の共同体を征服し、略奪するというモデルで考えるならば、国家の原型として久米島の歴史ほどわかりやすいものはありません。按司がやって来る以前にも、久米島には社会があったし、「国家」もあった。その「国家」とは、社稷といわ

れる下からの共同体です。

社稷の「社」は土地の神、「稷」は米・麦・粟・豆・稗《ヒエ》または黍《キビ》の主要穀物の神で、つまり社稷は、自治によって営まれる農本主義的な共同体です。

自分たちの内側から生まれる「国家」=社稷と、外側から入ってくる国家は、本質的に違うものです。しかし、侵略が本質であり、収奪する国家であるにもかかわらず、それを共同体の内側から出てきた社稷であるかのように偽装する、と柄谷さんは指摘しています。私も基本的にそうだと思います。

現代における国家の基本的なかたちも、本質は収奪で、官僚が生き残るために国家を運営しているだけです。ところが官僚は、この構造をかくすために過剰に収奪して、その一部分を教育や福祉にバラまく。あたかも共同体全体のために分配の事業に従事する公正で中立的なものを装う。しかし、その本質は自分たちの生き残りです。

そのような国家にたいして、内側から生まれる「国家」には、下からの共同体からでてくる「堂のひや」のようなかたちがあります。それが社稷です。しかしそれを維持できないのが、農耕社会が成立し発展して以降のわれわれの一種の悲哀です。産業社会になっても農本主義的な共同体が維持できるなどというのは幻想です。しかしながら農村共同体のようなイメージをもっておくことは重要です。

「贈与と返礼」という互酬《ごしゅう》が根づいている久米島のような共同体感覚があるところは強いです。新自由主義体制になっても、なぜあの小さな久米島が生き残っているのでしょうか。しかも岩波文庫になるだけの文書記録が、わずか人口九千人の離島のなかに残っています。

さて、第1部では、この社会のからくりをマルクスの『資本論』から、そして『久米島史話』にみる久米島の歴史から、国家の本質を読み解いてきました。

国家と社会はそもそも別物です。国家は社会の外側にありながら社会の領域に介入してくる。しかし、社会の領域には官僚の干渉を許さない文化があります。

そこで第2部では「公共圏での議論」にかんするハーバーマスの主張を手がかりに、暴力装置としての国家そのものである官僚階級と共同体の対話は可能なのか、ということについて考えてみたいと思います。また、ナチスと共産主義という二つの極端な国家暴力と対峙《たいじ》した神学者バルトの行動と言説から、官僚階級との闘い方について考えます。

第2部

官僚と闘う技法

——公共圏のイデオローグ、ハーバーマスとバルトから学ぶ

第1章　公共圏の誕生

公共圏は喫茶店からはじまった――ハーバーマスの視座

第1部では、マルクスがカッコに入れた「国家」の本質と社会との関係のおおよその構造をつかんできました。本書のテーマは、官僚階級を哲学的、社会学的にあきらかにしていくことですが、第2部は、二つのテキストを読んでいきます。

一つはハーバーマスの『公共性の構造転換』（未来社、一九九四年）です。これを読み解きながら、近代的な公共圏の起源をあきらかにします。近代的公共圏を理解することによって、官僚階級が姿を現してきます。

国家は、暴力装置を背景に、労働者を含むすべての国民から収奪《しゅうだつ》します。ありとあらゆる手段で、介入する隙間《すきま》をみつけだそうとするわけです。そのような国家とわれわれはどのようにつきあっていくのか、国家の暴力性をどう規制できるのかを考えるときに、政治性を帯びたり、あるときは政治から距離を置いたりする不思議な「公共圏」というものが大きなヒントになると思います。

多くの日本人は「公の世界」というと、家庭や私的なことではなく「国の領域」のことだと思っています。「公共心を養え」「公共のために奉仕しろ」といういい方は、「国家のために奉仕しろ」と限りなく近い意味で使われています。しかしそれは、まったくの誤解です。あるときから国家が「公共のため」「公のため」と、みずからの強制力をごまかすために使いだしたために、言葉の意味が変容してしまったのです。

「公共」とは本来、国家に対立する概念で、基本的には私的な要素が含まれています。自分だけの世界ではないが、他人や社会と相互にかかわり合いをもつ時空間、なにかを共有する世界とでもいうべきものです。「公共圏」は、ドイツやフランスなどヨーロッパ大陸で盛んに使われる概念で、制度的な空間と私的な空間との間に介在する、つまり国家と私的領域をつなぐものです。

その公共圏は喫茶店と喫煙から生まれてくる、というのがドイツの社会哲学者ユルゲン・ハーバーマスの議論です。

ハーバーマスは一九二九年デュッセルドルフに生まれ、中産階級の家庭に育ちました。十六歳でヒトラーユーゲント運動にかかわった彼は、大戦後、アウシュビッツの恐ろしい現実とナチス時代のことに蒙を啓かれました。大学で哲学を学んだハーバーマスは、ハイデガーの著作に一時期夢中になりますが、後にハイデガー自身がナチス入党の事実に沈黙を守り、過去に片をつけようとしなかったことを厳しく批判しています。

ハーバーマスはソ連型のマルクス主義の方向にむかわず、心理学や社会学と隣接する研究をしたフランクフルト学派の第二世代です。メディアと国家と社会の関係について考察したい人には、一番の必読文献として『公共性の構造転換』をおすすめします。ただし、ドイツ観念論の伝統を引く、ものすごいぐねぐねした文体で書いているので、解読技法を身につけないとわかりにくいです。

公共圏は、十八世紀ヨーロッパのサロンや喫茶店（カフェ）、そこで身分の拘束《こうそく》を受けずに自由な討論を楽しむようになり、政治的に熟した公衆が、国家の横暴を監視するようになる、いわば国家と社会の〝出会い場〟です。

＊フランクフルト学派　ドイツのフランクフルト社会研究所および同所の雑誌『社会研究』に参加した知識人グループ。1924年に開設したがナチの攻撃により所員は国外に亡命。フランクフルトでの再開は1950年。第一世代はマルクーゼ、アドルノ。

＊マルティン・ハイデガー（1889－1976）　ドイツの哲学者。現象学のフッサールに師事し、弟子に政治哲学者ハンナ・アーレントがいる。主著は人間存在の意味を追求した『存在と時間』

喫茶店の起源

公共圏誕生のきっかけが、なぜ喫茶店だったのでしょうか。

喫茶店の起源は、最初はチョコレートハウス、つまりココアを飲むところでした。

ココアはアフリカの秘薬として伝わり、ポリフェノールのような成分が入っているので、薬があまりなかった当時ではそれを飲めば、たしかに体調がよくなったと思います。

その次がコーヒーです。ところが、イギリスが東インド会社を経営するようになってから紅茶が入ってきました。紅茶は全ヨーロッパに広がったものの、アメリカ独立戦争の発端ともなったボストン茶会事件（1773年）で「だれがイギリスの紅茶なんか買うか」ということになり、今度はコーヒーを飲むアメリカの影響を受けて、ヨーロッパでもコーヒーが流行になります。喫茶店で飲まれるものは、ココア→コーヒー→紅茶→コーヒーと入れ替わっています。

交易が盛んになって商業都市、港湾都市が発展していき、船の荷おろしをする波止場に、船乗りや商人が集まって煙草を吸いコーヒーを飲む喫茶店のようなものが、どんどんできていきます。コーヒーを飲んで煙草を吸いながら、あれこれ他愛のない話をするなかに、交易で利を得るための相場のデータや、遠く世界各地からの情報が求められたのです。

ちなみに新聞は、喫茶店の物価表から発展したものです。「どこでどの商品がいくらするか」など商品先物の物価表のようなものとして新聞が発行されます。それだけでは退屈なので「海坊主現わる」といった法螺《ほら》話も載せられます。こういうなんとなく盛り上がるようなトピックを埋め草にした情報紙が新聞の起源です。そこに国家当局がなにかを告知してくる。乱暴にいうと、国家の領域と私の領域が交錯する接点に、公共圏ができてくるという発想です。

イギリスの喫茶店

フランスと比べてイギリスは、都市（つまりは商業圏）にたいする王権の支配の弱さが特徴です。イギリスでも十七世紀末から喫茶店が登場したとハーバーマスはみています。

これらは、イギリスでもフランスでも、最初は文芸的な、やがては政治的な批判の中心であり、その中で貴族主義的社交界と市民的知識層との間に、一種の教養人としての対等関係が次第に形成されはじめる。

一七世紀の中ごろにはじめて広まった紅茶だけでなくチョコレートとコーヒーが、少なくも住民のうち有産階層の日常飲料となったあとで、さるレヴァント商人の御者が最初のカフェ・ハウスを開いた。一八世紀の最初の一〇年のうちに、ロンドンにはそのような店がすでに三〇〇〇軒をこえ、それぞれが内輪の定客をもっていた。

（ハーバーマス『公共性の構造転換』　52ページ）

ひと言でいうと、喫茶店は貧乏人の文芸サロンです。

本来のサロンは超大金持ちがいて、芸術家や作家のパトロンになって彼らの面倒をみていました。芸術は基本的にパトロンがいなければ成立しません。パトロンがいるサロンにたいして、金持ちでなくても参加できる場所が喫茶店でした。ただし、それぞれの喫茶店は「会員制」「メンバー制」で、喫茶店のなかで文芸の話をするなど、ひと昔前の文壇バーのようなものです。最初は文芸の話、それからしだいに政治の話になっていきます。

喫茶店では外界の身分は関係ありません。話のおもしろさ、芸術家ならばその作品の出来具合、それだけで評価がきまります。その評価の基準は、教会がきめた伝統や価値観にしばられません。その喫茶店にいる人たちが「俺はこの作品がいいと思う」と、自主的かつ主体的に決めるわけです。近代批評の原型がここにあります。そこに「文芸通」も生まれてきます。

十八世紀初めのロンドンには、そのような喫茶店が三千軒もあり、それぞれが「常連さん」をもっていました。

公共圏の原型は教会

喫茶店（民主主義の原型）は、そのなかに入ってコーヒーカップを共にする限りは、外界の経済的な状態、身分的な出自はまったく関係なく、対等な扱いを受ける、そんな領域です。ヨーロッパではこういう空間は珍しくありません。というのは、それが本来の教会のあり方だからです。

じつは、ユダヤ＝キリスト教の伝統における公共圏とは教会です。教会はだれでも入れるところです。入るのも自由、出るのも自由。寄付をしてもいいし、しなくてもいい。教会のなかに入ってきた人々は平等です。ところがある時期から、カトリック教会などで貴族のために立派ないすを用意したりして、階層がつくられました。他方、プロテスタント教会、なかでもカルヴァン派の教会は非常に殺風景です。じっさいには席順で差をつけていますが、全部同じ長いすです。これは、教会の空間のなかでは差別がないことをあらわしています。ヨーロッパ文化圏の人間にとっては、キリスト教の精神が生活習慣に浸み込んでいるため、かえってキリスト教的な発想がみえにくい。ハーバーマスは書いていませんが、教会の世俗化したものが喫茶店です。

イギリスでは、喫茶店での談論風発が、しだいに政治性を帯びていき、経済や政治論争、文芸批評がそこで交わされるようになります。宮廷貴族や上流市民のサロンでの社交的談論とは違ってくる。

　こうした喫茶店（カフェ）に出入りできたのは男性だけで、その点も、女主人が主宰するフランス、ロシア、ドイツのサロンとは異なります。

　当時のロンドンで、夫を喫茶店に行かせない運動が女性たちの間でおこります。男たちが喫茶店に入り浸って、家庭をかえりみなくなったからです。喫茶店に反対する女性たちの会などが当時できています。


　こういうわけで、毎晩のように置き去りにされたロンドン社交界の婦人たちは、この新しい施設に対して露骨な闘争をつづけたが、一向に成果が上らなかった。喫茶店は指導的サークルへ気安く近づく機会を与えただけでなく、なかんづく中産階級の広汎な層を、手工業者と小売商人をも引き寄せたのである。

（同書　53ページ）


　喫茶店はイギリスの現象でしたが、フランスやドイツ、ロシアでは宮廷貴族や上流市民の女主人が主宰するサロンが、それに似た機能をはたしました。ただし、身分を問わず誰でも自由に出入りできるという意味では、敷居《しきい》が高かったでしょう。

一七世紀のフランスで公衆（le public）といえば、芸術と文学の受け手、消費者、批評家としての読者、観客、聴衆のことである。それは当時はまだ第一に宮廷のことであり、さらに都市貴族のうちでパリの劇場の桟敷をしめていた部分、それに狭い範囲の上流市民層のことであった。この初期の公衆には、「宮廷」と「都市」が属しているわけである。このサークルの全く貴族主義的な社交の中でも、すでに或る近代的な契機が成熟してくる。国王が宮廷の広間で祝宴を張り庇護者として側近に芸術家たちをはべらせていたのに代って、ランブイエ・ホテル以来、のちにサロンと呼ばれるようになるものが登場する。

（同書　50ページ）

十七世紀のフランスでは、なんとなく面白そうで、教養のありそうな人を身分に関係なく招くわけです。そこで一緒に歌ったり飲み食いをするのですが、とくに重要なのは、詩です。詩を詠む。そしてうわさ話をする。それを重ねているうちに耐エントロピーがでて、血のつながりはないが、なんとなく一緒にいて居心地がいい、という仲間になる。そうして気の合う仲間たちと劇場に行くわけです。現代では劇場というと高級な場所のように思われていますが、当時はそうでもなく、ゴシップや詩など、話題になっていることに合わせて劇をするところでした。席料の安い桟敷《さじき》で、それぞれ仲良しグループ同士で集まって、幕の合間にはホールで飲み食いし、世間話をするような、広い範囲で文化を共有している人たちの集まりができてきました。これが近代的公共圏の土壌になっていきます。

機械仕掛けの神

ところで、演劇史は私の専門ではありませんが、近代的な演劇と中世の劇は、まったく異なります。

中世の劇は神学の構成とおなじで、すべて聖書にもとづいていて結論はきまっています。ある意味、歌舞伎とおなじで、いかにそのプロセスを上手に演じるのかが大切です。

それから、宗教劇は、困った問題がおきたときは都合よく解決できるようになっています。十字架にかかったキリストが舞台の後方にぶら下げられていて、たとえば、私がAさんと結婚したいと思っているが、双方の両親が反対している。二人でいよいよ心中をしよう、となったとき、カラカラと音がして神様がでてきて、「皆の者よ聞け、この二人の愛を成就《じょうじゅ》させてやれ」とひと言発する。それで問題は解決します。

これはラテン語のデウス・エクス・マキーナ（deus ex machina）で、直訳すると「機械仕掛けの神」です。この機械仕掛けの神は、なにか困ったことがあれば必ず最後に登場して、すべて問題を解決してくれます。だから観客は安心して演劇を堪能《たんのう》できるわけです。ギリシャ演劇のように悲劇になることはありません。最後はハッピーエンドで終わるのが中世演劇の構成です。そういう劇自体が根本的に変わってくるのが、近代です。

近代メディアの誕生

さて、喫茶店で、身分を超えた意味のある情報と議論がなされているとなれば、そこでの話題はビジネスになります。

それまでの物書きは、家に閉じこもり、コツコツとなにかを書いている少し変わった人が多かったのですが、喫茶店やサロンが流行するようになってからは、まず自分と気の合う仲間にアイデアを話して反応を見る、ストーリーの概略を話して、喫茶店のグループのなかで評価されたら対外的にも評価されるだろうと確信する。その頃には、すでにその喫茶店の端には商売人が座っています。これをビジネスにしようと考えている出版業者、いまでいう編集者がいました。こうして喫茶店から出版ビジネスもはじまったというわけです。

ディドロ（1713－1784）とダランベール（1717－1783）の共同編集による『百科全書』は、十八世紀フランス啓蒙思想の集大成ですが、小売商人や手工業者が催す読書クラブの必読書でした。

ディドロは刃物職人の息子で、パリを放浪する貧乏書生。ダランベールは貴族の非嫡出子で、才能を認められて科学アカデミー会員になります。ディドロは王権から目をつけられて逮捕されたりもしますが、かれらを助け、『百科全書』の出版に奔走したのは、出版業者とフリーメーソンだったといわれています。

平市民ダランベールは決して例外的人物ではなかった。貴族出にせよ市民出にせよ、社交界の貴婦人たちのサロンでは、公爵や伯爵の息子たちが、時計工や小売人の息子たちと交際している。サロンの中では、知性はもはや庇護者への奉仕ではなくなり、「意見」は経済的従属関係の拘束から解放される。フィリップ治世下のサロンは、始めのうちはまだ利発な談論よりも優雅な娯楽の場であったが、まもなく宴席に討論が結びつくようになる。ディドロが書物と談話の間に立てた区別は、サロンという新しい集会所の機能をはっきりさせてくれる。一八世紀の大文筆家のうちで、自分の主要な思想をまずこのような談論――すなわちアカデミーでの講演やとりわけサロンでの談論――において人々の討論にのぼせた人としては、彼の右に出るものはまずないであろう。

（同書　53ページ）

ディドロの活躍が評判になると、ほかの作家の物の書き方が変わってきます。

比較的信頼関係があり自由に意見交換できる場で、書き手が自分のアイデアを話して、意見を聞き、いけそうだと踏んだらある程度書いて、もう一度聞いてみる。そこで「大丈夫」と太鼓判を押されたら一気に書き上げる。それが一番効率よく売れる手順です。だからカントもヘーゲルもそうしています。

アカデミーと大学

ヘーゲルはその場所を大学に移したわけです。

喫茶店が廃《すた》れたあと、公共圏の機能をはたすようになったのが大学です。

中世までの大学は「針の先で天使が何人踊れるか」というような研究をしていたので、それはそれなりに知的刺激がありましたが、現実に影響を与えることのない世界でした。

自然科学系の研究をすると中世の伝統大学とぶつかりました。だから喫茶店でさまざまな議論をするようになったのです。それを国家の実用に役立てることができないかと考えて生まれたのが科学アカデミーなどの〝アカデミー〟です。だからアカデミー系では理科系、自然科学が強い。

アカデミーが強くなったのはフランスとイギリスですが、後発国のドイツでは大学を改革してアカデミーでやっているようなことを大学でやるようになったという事情があります。

大学でのヘーゲルの講義は大人気で、出版した本は、当時どれもこれも大ベストセラーになる。十九世紀のドイツ最大の神学者シュライエルマッハー(1768－1834)もそうです。基本は全部授業でやって、学生の反応をみて、反応がよかったものだけを出版していました。反応の悪いものは埋もれたままノートで残っています。

「単なる人間」の登場

サロン、喫茶店、アカデミーでの芸術文化。身分を越えて交わされる議論は、新たな人間関係、ひいては新たな観念を生みだします。イギリスやフランスほど喫茶店やサロンが普及していなかったドイツでも、つぎのような状況が生まれます。

> サロンはいわば、初演の独占権を握っていた。新作品は、音楽のそれも含めて、まずこの審廷で正統性の証しを立てなくてはならなかった。(中略)
> 一七二七年にゴッドシェッドがライプツィヒで創立した「ドイツ語協会」は、前世紀の国語保護団の系譜をひくものである。この団体は、まだ領主に召集されたものであったが、身分的排他性をさけていた。これを騎士団に改組しようとする後世の企ては、特筆すべきことに、失敗した。それらは、創立文書のひとつに証言されているように、「等

しからぬ身分の人々の間に平等と社交の機会を作るため」のものであった。

（同書　53ページ）

人間は平等ではない、という発想はキリスト教世界では当然です。なぜなら、キリスト教的なかたちでの「原罪」があるからです。この原罪があるために、神様の世界では理想的な状況が、地上ではすべて逆転しているわけです。

つまり、世の中は、本来平等であるという理想から遠ければ遠いほど人間社会らしいわけで、「人間」という言葉には、ネガティブな要素しかこの地上にはありません。

裏返すと、教会の限られた時間と空間のなかにだけ、聖書に書いてある原型が保障されます。日曜日の二時間くらいのミサのときだけは身分に関係なく平等であって、等しくパンをもらえる状態が、教会の中という限られた場所で限られた時間だけ保全されます。それによって、ふだんの不平等はあたりまえと考えられていました。

ところが、喫茶店ができて、ひとたび自由な討論の面白さを覚えた人びとの間に、職業も身分も関係ない「単なる人間」という抽象的な概念が意識されてきます。夜を徹して喫茶店で熱く語り、作品について論じ合ううちに、人間というものはおなじような理性をもっていて、話せばみんな共通の認識にいたるのだ、と感じるわけです。身分や出身地、社会的地位など関係ない「単なる人間」が存在するのではないかという認識が、その小さな仲間の空間で生まれてきます。

喫茶店で生まれてきたものが、外部に拡散して、国家に対抗的な社会的な組織を形成してくる。それが近代的な公共圏の土壌であるという説をハーバーマスは立てています。

このような団体や会議所やアカデミーは母国語の愛護に意を用いたが、それは母国語が今や人間としての人間の間の相互理解の媒体としてとらえられたからである。ここで市民たちは、社会的ヒエラルヒーの境界をこえて、社会的名誉はあるが政治的には実力のない貴族たちと、「単なる」人間として会合するのである。（同書　54ページ）

身分の違う人たちが「単なる人間」として会合できる場。そんな場所は当時の身分制社会、封建制社会では支配秩序を乱す行為として認められないことです。当然、政府は政治不安の発生源とみなすでしょう。

喫茶店から生まれてきた人間関係を、日常的に維持する目的で組織されたのが、フリーメーソンです。国家権力に目をつけられるので、秘密結社として存在していました。

秘密結社フリーメーソン

フリーメーソンは、もともと中世の建築業者、石工たちのネットワークでした。石工たちは、教会や城のような大きな建物を建てると次の仕事場へと移動していきます。技術をもった職人集団として、フリーメーソンのなかでは一種の平等性が担保《たんぽ》されました。

ただ、このフリーメーソンの組織は、市民社会を先取りしていたがゆえに、短命に終わることになります。なぜなら、市民社会が実現されればフリーメーソンは必要なくなるわけで、その意味でフリーメーソンは怖いものでも、陰謀家集団でもありません。

現在、メーソン協会というものがありますが、それはその残滓《ざんし》で、ロータリークラブみたいなものです。ロータリークラブもフリーメーソンの変種です。メンバーになった人は知っていると思いますが、会員以外にはわからない約束事や儀式があります。世界中でロータリークラブの会員は指の切り方とか、動かし方がおなじなので、なにも話さないでもクラブのメンバーだとわかります。その所作はフリーメーソンの名残りです。

フリー・メーソンにとって典型的な、しかしほかの同盟や夕食クラブにおいても広まっていた秘密主義的な啓蒙運動の実践は、弁証法的な性格を帯びているのである。教養ある人間たちから成る公衆の合理的な意思疎通の中で、知性の公共的使用をつうじて実現されるべき理性は、いかなる支配関係をも脅かすものであるゆえに、それ自身は、公開されぬよう保護される必要があった。（中略）このように自衛のためにヴェールを被った理性の光は、段階を追って次第に現われ出てくる。当時ヨーロッパに共通の現象になっていたフリー・メーソン運動についてレッシングが述べた有名な言葉に、「市民社会がフリー・メーソン運動のひこばえにすぎないのでないとしたら」、――フリー・メーソン運動は市民社会とおなじほど古くからあるものだ、という言葉があるが、これは上記の事情を指摘するものなのである。（同書　55ページ）

ひこばえは刈《か》った樹木の根株《ねかぶ》から出る芽。ドイツの劇作家レッシングは、シェークスピアを取り入れて近代市民劇を創作した人で、彼は、フリーメーソン運動がなければ市民社会の芽吹きは生まれなかっただろうといっています。

身分制を脅かすような運動や組織は、秘密警察がつねに監視している。だから理性の実現をめざす組織は、メンバーを公表せず、秘密結社化するしかなかった。しかし、徐々に理性が社会に受け入れられ、一般化すれば、必然的にフリーメーソンは存在意義を失っていきます。

つまり、身分制度が社会に残っているうちは、逆にフリーメーソン的なものに存在価値があるわけです。日本だとキワモノ的に思われていますが、明治維新のときにフリーメーソンの影響はあきらかにありました。たとえばグラバー邸の持ち主だったトーマス・ブレーク・グラバーはフリーメーソンの重要メンバーです。鳩山一族がロンドンのロッジでフリーメーソンに入った話は有名ですが、坂本龍馬もフリーメーソンとの関係は当然あったでしょう。

理性を認識し、尊重して「人間は人間だ」というネットワークを身分制社会のなかで構築しようと思った人たちは、当然フリーメーソンと関係がある。啓蒙のプロセスのなかで、その前衛《ぜんえい》としてフリーメーソンは存在したということです。

第2章　国家と公共圏のせめぎあい

公共圏に介入する国家

さて、私人の領域から生まれた公共圏にたいして、国家の側は、「これは役に立つ」「税金を収奪できる」ということから、暴力を背景にギューッと浸透してきます。

ハーバーマスは、市民が市場をひらいて商売する、または集合的に住んで生活する地域、そこで王様たちと利害が対立するというモデルを考えました。

王様たちは公共圏の外側からやってきて、暴力を背景に、税金の名目で収奪していきます。

あるいは、遠隔地交易をする商人に、交易を許可し保護する名目で、関税や通行税を取り立てる。あるいはまた、商人同士のトラブルを調停するという名目で介入します。そこで国家権力と公共圏との接点がはじまる、とみているわけです。

ところが、そのときの国家と公共圏の交渉は、非対称的です。

公共圏の側からのベクトルとして、「われわれは国家に税金を払っているのだから治安は保障しろ」「発言権をもってしかるべきだ」と国家権力にいっていきます。

たいして、「なにを小理屈立てて文句いっているんだ」「俺たちのいう通りにやれ」というのが国家の側の論理です。

早い話、暴力をもっている側は理性に訴えなくてもよいわけです。そして暴力をもっている国家のほうに公共圏が引き寄せられていく。そしていつの間にか、公共圏と国家の境界線がわからないような状態に変容していく。これをハーバーマスは「公共性の構造転換」といっています。

自立していないものは階級ではない

公共圏という概念で登場してくるのは、いわゆる第三身分です。

身分制社会における第一身分（聖職者）、第二身分（貴族）と違って、第三身分は領主に従属していて自立していない。したがって、身分制社会において、彼らは階級とはみなされません。だからこそ「近代」がそこからはじまる、とハーバーマスはいいます。

　これまでは、諸身分が君主と折衝して契約を交わしてきた。これらの契約において、身分的特権と君主的至上権との間に境界線を引くことによって、双方の権利主張はそのつど調停されてきたのである。（中略）さて、このような権力均衡の様式から断絶するのが第三身分なのである。というのは、第三身分はもはやひとつの支配身分として自己を確立することはできないからである。領主権（身分的「自由」特権も一種の領主権であった）との間に境界を設けて支配権を分割することは、通商経済の土台の上では、もはや不可能である。資本主義的に機能する財産に関する私法的自由処理権は、なんといっても非政治的なものだからである。民間人は私人である。したがって彼らは「支配」しない。それゆえに彼らが公権力に対してつきつける権利要求は、集中しすぎた支配権を「分割」せよというのではなく、むしろ既存の支配の原理を掘りくずそうとするのである。

（同書　46ページ）

このハーバーマスの視座は重要です。自由を求める第三身分の人たちの「自由」とは、じつは領主に従属しているからこその自由である。だから領主がいなくては従属する市民も存在しない。いわゆる近代的市民ではなく、領主に従属した市民です。要するに自立していないものは階級ではないということです。

官僚階級論でもここは一つのポイントになるわけで、官僚を「自立している」とみるか、「自立していない」とみるかということです。ハーバーマスは、自立していない身分は分配にあずかることはできない、といっています。おそらくここでハーバーマスが使っている論理は『資本論』からきています。第三部でくわしくみますが、官僚階級というときの「階級」と、国家にたいする権利のありかたによって区分する階級とは、原則として違う話です。

官僚は国家の側です。この国家の側にある集団を、支配される階級と並列のところへ引きずり出してくることが、官僚階級論の一つの試みでもあるのです。

公共圏は支配原理の変更を要求する

ハーバーマスの行間を読むと、彼が『資本論』の分配論をつかっていることがわかります。『資本論』は流通論、生産論、分配論という順序で構成されています。

マルクス経済学と近代経済学の違いは、近代経済学においては、政府と企業と家計に富が分配されるという考え方ですが、マルクス経済学は、支配階級の間でしか富は分配されないと考えます。つまり労働者階級は分配にあずからないということです。

マルクス経済学においては、「労働力商品」という特殊な商品を、資本家は労働者から購入する。その労働を搾取《さくしゅ》して儲かった剰余《じょうよ》価値の一部を地主に分配する。剰余価値（利潤）の資本家と地主間での分配こそが、マルクス経済学における分配です。

さらに下部の分配では、金融資本家や産業資本家など資本家間の分配の問題がでてきますが、これは二義的な問題です。原理的なことのみに絞っていうと、資本制システムでは、分配に労働者が入らず、資本家と地主の間でのみ、分配はおこなわれます。それだから、労働者への分配を要求することは、もはや資本制システムの枠《わく》を超えた革命論になるわけです。

ちなみに、トマ・ピケティの『21世紀の資本』は、「資本」というタイトルがついているために、マルクスの『資本論』と関連づけて読もうとする人が多いのですが、そのような読み方は混乱を招くだけです。マルクスが賃金を生産論で扱っているのにたいして、ピケティは分配論で扱っているので、議論がかみあいません。ピケティは、資本の利潤率の低下が賃金の分配率の不公平さをもたらしているという枠組みで考察していますが、分配とは資本家間の分配の話であって、労働者には関係ないのです。結局のところ、労働力商品化をカギにして生産論で賃金論を説かなければ、資本主義の矛盾はわかりません。

理性と法律は喫茶店(カフェ)から生まれた

公共圏が国家権力と対抗するとき、国家の支配原理に対置するのが監査の原理です。国家にすべてを公開させることによって、支配のありかたそのものを変えよう、という闘いになるわけです。

市民的公衆がこの支配原理に対置する監査の原理が、まさに公開性なのであって、これはもともと支配そのものの性格を変化させようとするものなのである。こうして、公共の論議において明らかにされる権利主張は、とりもなおさず或る支配要求の形態を断念するものであるから、それが貫徹されるならば、支配権を原理的に維持してその正統性の基礎だけを取りかえるということでは済まなくなるはずである(第七節)
(同書 41ページ)

具体的には、国家が権力を行使してきた場合には、それが「理性」と「法律」にかなっているかどうかを公共圏の側がチェックする、ということです。公共圏が国家との闘いで武器とするこの理性と法律は、さきに紹介した喫茶店(カフェ)から生まれてきたとハーバーマスはいいます。重要な部分なので、ポイントを正確に引用します。

公衆は支配権を「理性」の尺度と「法律」の形式に従わせ、このことによって支配権を実質的に変化させようとするが、これらの尺度や形式の社会学的意味を明らかにするためには、市民的公共性そのものの分析、とくにこの公共性において公衆として交渉し合うのは私人であるという事実の分析を経なくてはならない。公共論的論議の自己理解の特色は、小家族の親密な生活圏において公衆に関心をもつ主体性から由来する私的経験にみちびかれていることにある。（中略）商品取引が家族経済の境界をつきやぶって出ていくにつれて、小家族の生活圏と社会的再生産の生活圏との区画がはっきりしてくる。国家と社会の分極過程が、あらためて社会の内部でも反復されるわけである。民間人の社会的地位は、商品所有者の役割と家父長の役割とを兼ね、財産主の役割と端的な「人間」の役割とを兼ねる。（中略）

もっとも、国家と社会の間の緊張場面で公共性がはっきりと政治的機能をひきうけるようになる前に、小家族的な親密領域から起こった主体性は、いわばそれ自身の公衆ともいうべきものを形成する。公権力の公共性が私人たちの政治的論議の的になり、それが結局は公権力から全く奪取されるようになる前にも、公権力の公共性の傘の下で非政治的形態の公共性が形成される。これが、政治的機能をもつ公共性の前駆をなす文芸的公共性なのである。（中略）「都市」は、経済的にみて市民社会の生活中枢であるだけでなく、「宮廷」との文化政策的対立関係からみれば、それはとりわけ初期の文芸的公共性を指す名称であり、これが喫茶店やサロンや会食クラブという形で施設化されるのである。あの人文主義的貴族主義的社交界の後継者たちは、市民的知識人との出会いにおいて、やがて公共的批判へ展開する社交的会話をつうじて、くずれゆく宮廷的公共性の名残りと新しい市民的公共性の先駆けとの間に、橋を架けることになる（第五節）。

（同書　47ページ）

この引用を読んだだけでは、なんのことがよくわからないと思います。なぜなら、その大前提として、ヨーロッパの人々の「国家と家」「国家と個人」にかんする図式を理解しておかねばならないからです。

国家と家、ポリスとオイコス

近代の公共圏（市民社会）は、ギリシャのポリスを範例としていました。ポリスは都市と政治の両方の意味をもつ古代ギリシャ語で、「国家」と訳すこともできますし、政治国家、政治体制とも訳せます。ポリスでの議論は、公人の立場でおこなわれ、ビジネスや家庭内のこととは切り離されていました。これは基本的に、古代ギリシャの哲学者アリストテレス（前

384－前322）の考え方にもとづいています。

そして、ポリスを支配する原理がノモスです。ノモスとは法律で、この都市国家に属するのは成人男子市民、すなわち貴族です。市民の体型も決まっていて、あまり筋骨隆々としていてはダメです。頭脳をよく使うから頭が大きくて、健康体ではあるけれど少し青白い感じの人たちが典型的な市民像です。頭が小さくて筋骨隆々としているのは、典型的な奴隷像です。そんな生まれながらの身分秩序で国家ができているとアリストテレスは考えました。そこでは掟《おきて》というか、規範という意味での法の支配（ノモス）があります。

ポリス（国家）にたいするのが、オイコスという概念です。オイコスは「家族」「経済」という意味をもち、エコロジー、エコノミーという言葉の語源です。市民も家に帰ればオイコスに帰属し、そこには女、子ども、奴隷がいる。そういう場所です。

そして、オイコスを支配する原理はビアです。じつは、これを現代語に訳すと「暴力」です。この意味で、ドメスティック・バイオレンス（DV）は、ギリシャではごく普通でした。父親が家長の権利として奥さんを殴る、子を殴る、状況によっては奴隷を殺してしまう。これが、アリストテレスが自然の秩序として考えた「家庭のあるべき姿」ですが、なぜかこの点について日本ではあまり説明されていません。

オイコス（家）のなかでは、ノモス（法の支配）はまったくはたされず、暴力によって「家」

は支配されていました。「家」は食事したり子どもをつくったり、そういう作業が維持される場所です。つまり、アリストテレスの家庭観や私的関係観には、暴力が内包されています。

従来、ポリスとオイコスは明確に区別されていましたが、家庭や家族という私生活圏を超えて、どちらかわからないファジーな領域がでてきます。これが公共圏です。政治の領域でいうと、はじめはオイコスの範囲内で、顔のみえる人たちの間で「俺たちの要求を通せ」と国家にたいして主張していたのが、しだいに力をもつことによって国家と相互浸透をおこし、たとえば政党などが国家と癒着《ゆちゃく》して暴力装置になってくる。こういう構成です。基本においてポリスとオイコス、ノモスとビアという二項対立を理解することが重要です。

見るものと見られるもの――二分法(ダイコトミー)の使い方

ところで、この二項対立ともう一つ、ヨーロッパを理解するポイントは二分法(ダイコトミー)の思想です。「あちら側とこちら側」「主体と客体」というように、二つに分けて対比して考えることによって、はじめてものごとを認識することができます。

ヨーロッパでは、「見るものと見られるもの」というように、つねに二つに分けて対比するかたちで問題が立てられるわけですが、それにたいして東洋のわれわれの考え方は、手を合わせて、どっちの手が触《さわ》っていて、どっちの手が触られているのか、というものではありません。仏教の合掌のように、「見るものもなければ見られるものもない」と考えます。

大乗仏教経典の一つ維摩経《ゆいまぎょう》というお経は、ナーガールジュナ（150—250年頃の大乗仏教の祖）の〝空〟の思想の中心ですが、「ロバが井戸を見るということは井戸がロバを見るということだ」といい換えされています。

しかし、混沌としているものを理解するには、なにかの線を引いて整理しないことにはできません。ですから、議論のスレ違いがあるときは、整理の基準がどこにあるかを考えてみる。そうすれば、なぜ議論のスレ違いが起きるのかという問題は、ほとんど解決します。

ものごとを諸行無常、すべては変化するという考え方が刷り込まれている東洋のわれわれは、むしろ意識的にダイコトミーの世界観で考えた方がいいわけです。

ポリス（国家）と公共性の間に境界線を引く

それではこの二分法に即して、家族と市民社会、「公共性」、国家を分けてみます。

われわれの論旨からみて基本的な分割線は国家と社会の間を分ける線で、これが公的領域を私的（民間）領域から距てている。公的領域の範囲は、公権力だけに限られているが、われわれはこれに宮廷をも加える。私的領域の中には、本来の意味での「公共性」

も含まれている。

（同書　49ページ）

ハーバーマスは、家族と市民社会、「公共性」、国家の三つの領域において、国家と公共性の間に線を引くことを主張しています。家族・市民社会と公共性の間に線を引いてもいいのですが、ハーバーマスは、厳密な意味での国家＝ポリスの世界を限定して、それ以外のところと分けてみようといっています。

なぜなら、それは民間人の公共性だからである。それゆえに、民間人のために定められた領域の内部で、われわれは私生活圏と公共性という区別を立てる。私生活圏は、狭義の市民社会――すなわち商品交易と社会的労働の図――を包括する。家族とその親密領域は、市民社会の中にはめこまれている。政治的公共性は文芸的公共性の中から姿を現わしてくる。それは公論をつうじて、国家を社会の欲求へ媒介する。

（同書　49－50ページ）

蜘蛛の巣オペレーション――諮問会議の罠

たとえばロシア専門家がいるとします。Aというロシア専門家が「日本の対ロシア政策はおかしい」と思い、そこでBというロシア専門家と組んでアピールあるいは提言を発表する。これは公共圏のなかの話で、国家とそれ以外のところで線を引いているわけです。

ところが、内閣情報調査室（内閣官房に設置されたインテリジェンス機関）が運営し、調査費の名目でカネが出る研究会という場で、袴田茂樹教授が、あたかも公共圏にいるように装って対ロシア政策の提言をするのは、国家の側における行為であって、国家の自己完結のオペレーションです。

だから国家の諮問《しもん》会議に入ってお金をもらっている人は、その時点において純粋な公共圏の人とはいえない。むしろ国家の領域の人だということになります。

その意味で、作家の塩野七生《しおのななみ》さんを私が尊敬するのは、非常に保守的な人ですが、天才的に公権力との距離感がわかる人です。彼女が貫いている鉄則は、国の諮問機関の委員には絶対にならない。総理大臣にアドバイスすることは個人的にはある。しかし国の諮問委員会のメンバーになって答申はしない。なぜならそこでお金をもらったら自由ではなくなる、市民ではなくなるからです。さすがに塩野さんは『ローマ人の物語』を書いているだけあって、公共圏とは何か、国家とは何かを理解していると思います。

ヨーロッパでも、インテリにとって国家の諮問委員会に入ることは、やはりルビコン（以後の運命を決め後戻りのできない重大な決断と行動）です。ところが、日本ではそのあたりがよくわかっていない。

外務省にいた頃の私も、重要な事案は、できるだけ学者を国のヒモ付きにして、最初は「われわれは金はだしますけど口は一切だしません」とかいって、そのうち身動きが取れないように学者をからめとってしまう。それを「蜘蛛《くも》の巣オペレーション」と呼んでいました。

蜘蛛が張った巣に蝶《ちょう》がかかると、蜘蛛は蝶の体液だけを吸いとります。すると、外から見れば、蝶は生きているように見えますが、じつはすでに死んでいます。だから蜘蛛の巣には絶対に近寄らない方がよいということです。

「公のために死ぬ」とは「国のためになど死ねるか」ということ

大切なことは、学者が「公共圏」という認識をもっているかどうかです。

ところが日本の場合は、線の引かれどころが逆で、家族・市民社会と公共圏の間に線を引いてしまう。そのために、日本人の常識では、公共圏はすべて国家の領域になってしまうのです。

これは「公の立場」がほとんど国家の立場とおなじということになります。つまり「公のために死ぬ」ことが、「国のために死ぬ」になる。

ヨーロッパではそれが皮膚感覚としてまったく違います。「公のために死ぬ」とは、「国のためなどで死ねるか」ということです。国は「奴ら」のところだからです。「私たち」という私人、家庭という私的な者（公衆）が集まったところが公共圏であり、国は外部です。

沖縄もヨーロッパとおなじです。沖縄では、基地問題・教科書問題について、自民党から共産党まで一緒になって県民集会がおこなわれています。こういう現象がおきるのは、公共圏という発想が沖縄にはあるからです。沖縄の公共圏にたいする感覚は、「公共圏は国家に包摂されていない」という意識です。

裁判員制度は公共圏か？

ここで皆さんにお尋ねします。

日本の裁判員制度とは公共性でしょうか？　裁判の傍聴は、行ってもいいし、行かなくてもいいわけです。けれども、裁判員になったら行かないといけません。裁判員制度は「裁判の国民参加」といわれますが、「行かなければならない」と強制されるものは、公共性ではありません。

国家が「公共のため、公のため」というのは、じつは国家の強制力をごまかすためです。国家が「公共性」という言葉を使いだしてから、その本来の意味が変容してしまったのです。裁判員制度は、そのことを理解するにはおもしろい現象だと思います。

それにたいして、裁判を傍聴する制度は公共性です。つまり、デタラメな裁判が行われないように、裁判は公開の席（公衆の面前）でなされます。傍聴席には、外国人でも誰でも入ることができますし、傍聴のさいにも、いっさい身分証明などを求められない。だれでも入っていけるということで、ものすごく古い公共性が傍聴という制度で保障されています。たいして、一見、裁判への国民参加にみえるけれども、国家が強制性をもつ裁判員制度は、本質において傍聴制度とは異なるということです。

このように、国家の強制が公共性とカン違いされるようになったのはなぜかということですが、ハーバーマスはそれを代表的公共性という概念が入ってきたことによって、公共性が変容してしまった、といいます。

国家に吸収される公共圏

ハーバーマスの公共圏から学ぶべき重要なことは、私的な領域と国家の領域は、基本的に別のものだという点です。

くり返しますが、国家と社会は出自が異なります。第一部に登場した「堂のひや」と按司《あじ》との関係にみるように、久米島共同体が公共圏であり、外から入ってきた按司は国家です。

しかし、人間は群れをなす動物であり、そこに社会が生じます。社会がある程度発達して近代化がおきます。それまでの社会は、外部の国家と、偶然の接触しかありませんでした。ときおり気まぐれに権力者がやって来てなにかを収奪するときにしか接触がなかったものが、やがて近代になると恒常的な関係になるわけです。そこで、権力者の横暴を防ぐために、私的社会の方から様々なネットワークを土台に公共圏をつくり、それが国家と折衝《せっしょう》するようになります。

ところが、いったんできあがった公共圏が、しだいに国家の方に引きずられていき、いつの間にか公共圏と国家の境界線がわからないような状態になってきます。つまり「公の世界」が「国の世界」であるかのように理解されてしまう。その近代的な国家が肥大する過程で、社会から大量の官僚が生まれてきます。

この官僚階級の特徴とは、仕事をしているとき、機能しているときは官僚ですが、家に帰って消費者になると一市民です。移動する階級なのです。消費者としてみた場合、かぎりなくその行動様式は労働者階級でありながら、仕事をしているときは官僚階級で、支配し暴力を行使する側の人間です。公安警察官は、経済的にはその対象となっている左翼や右翼団体の人たちより貧しいかもしれません。しかし、当局という意識が強く、官僚の垢《あか》がしみついているためにその思考ができないのです。ただ、消費者の視点に立つとき、お巡りさんも労働者階級と変わらない感覚になる。「移動する」ところに官僚階級のおもしろさがあると思います。これについては第3部であらためて分析します。

次章では、公共圏を吸収しようとする国家と対峙《たいじ》した神学者バルトの闘いかたをみていくことにしましょう。舞台は二十世紀ヨーロッパ、中欧のチェコスロヴァキアです。

第3章 公共圏のイデオローグ——発信する神学者バルト

国家とは距離をおけ！ バルトの闘い方

二つめのテキストはとても難しい課題ですが、カール・バルトの神学書簡を二通読みます。一通は、一九三八年にヨゼフ・ルクル・フロマートカに宛てたバルトの公開書簡、もう一つは、戦後にカール・バルトが匿名でだした『東ドイツのある牧師への手紙』という神学書簡です。この書簡を読むと、ナチズムと共産主義体制にたいするバルトの距離のとり方、そこにおいて公共圏と国家にかんするバルトの考え方がみえてきます。さらに、やはり国家と教会がどういう関係にあるのかがわかってきます。

神学的には、イエスは貨幣と国家にたいして距離をおいたとされています。ディナリオン銀貨のエピソードを思いだしてください。

ディナリオン銀貨　イエスを快く思わない律法学者や祭司長は、イエスを、ローマ国家に従うな、税金を払うなと扇動する国事犯とみている。その証拠に、税金を払うかどうかとイエスに質問する。彼らのたくらみを見抜いたイエスは、ディナリオン銀貨をもってこさせ、「そこには誰の肖像と銘があるか」と聞く。銀貨には玉座に座す皇帝の肖像が描かれ、「皇帝ティベリウス、聖なる尊厳なる者の子」との銘が刻まれていた。イエスは、「皇帝のものは皇帝に、神のものは神に返しなさい」という。すなわち、税金は皇帝（国家）のシステムに由来するものだから国家に払えばよい。しかし、地上の王にすぎない人間をあたかも神のように神格化することにイエスは異議申し立てをしている。

国家や貨幣という人間がつくったものに人間が仕《つか》えることをイエスは嫌いました。彼は、国家に究極の価値をおいてはいけない、それと同時に、不必要な軋轢《あつれき》をおこす必要もないと考えていました。

これをヒントに、実践的な課題として、社会的な共同体は、どのように国家と関係を保てばいいのかを探っていきます。先鋭化した人たちのように革命的な結社をつくることではなく、国家とそこそこつきあい、日常的な市民生活を享受しながら、どの部分で国家に対抗し、否を唱えていくのか、ということがわかります。

このバルトのインテリジェンス力を敷衍《ふえん》することによって、一方において新自由主義、他方において排外主義的な潮流が強まっているいまの日本の状況に、一つの「否」を唱えることができるのではないかと考えています。

＊カール・バルト（1886-1968） 現代神学の父と呼ばれるプロテスタント神学者。スイス・バーゼルに生まれる。理性的世界の実現をめざす啓蒙主義が崩壊した1914年の第一次大戦に衝撃をうけ、1919年『ローマ書講解』を上梓、1922年に全面改訂を行う。そこでバルトは、人間の営みによってできあがったキリスト教という制度や、国家への根本的な懐疑を示し、神について人が語るのではなく、神が人間について語ることに耳を傾けよと語った。バルトは資本主義がもたらした格差について厳しく批判している。

＊ヨゼフ・ルクル・フロマートカ（1889-1969） 二十世紀を代表するチェコのプロテスタント神学者。主著に『キリスト教徒と抵抗』『最も深い深遠まで』『人間の途上にある福音』『なぜ私は生きているか』など。その生涯を「使徒言行録」でパウロが紹介したイエスの言葉「受けるよりは与えるほうが幸いである」にもとづいて活動を続けた。

哲学者トマス・マサリクのチェコスロヴァキア

そもそも私が外務省に入ったのは、チェコという国の歴史性とチェコのプロテスタント神学に惹《ひ》きよせられたからです。私が魅《み》せられた二人の人物は、フロマートカとマサリクです。一九一八年に建設されたチェコスロヴァキア共和国は、哲学者のトマス・ガリグ・マサリクが初代大統領として国家を運営していました。

チェコ建国の思想を、フス派の宗教改革の伝統復興になぞらえて組み立てたのが、神学者フロマートカです。彼は、マサリクのブレーン集団の一人としても活躍します。

初代大統領のマサリクは、超一級の知識人です。革命の研究家でもあり、本人も革命家でした。『世界革命』という本も書いていますし、みずからも反ソ主義者としてソ連の左翼社会革命党（SL）と接触し、レーニン暗殺を企てたグループにも資金や刺客を送り込んで協力しています。いわば左側からソ連を崩壊させようとした人です。

同時に、マルクス主義の研究家でもありました。『社会問題』という八百ページくらいの本を書いていますが、マルクス主義は社会構造の分析としてはすぐれているが、ヘーゲル体系を使って倫理を組み立てているから革命理論としてはダメだ、とマサリクはいいます。マルクス主義には倫理がない。倫理がないから目的のために手段は浄化される。その結果、目的のためには汚《きたな》いことをやってもよいという思考におちいり、暴力の歯止めがなくなる。マルクス主義にもとづく革命が起きたら、とんでもない圧政がおきる。そしてプロレタリアート自身が革命的陰謀家によって抑圧されるだろう、とマサリクは予見しています。

ドフトエフスキー嫌いのマサリク

さらに彼はロシア思想史の専門家でもありました。

作家ドストエフスキーがでてきたことに、マサリクは注目します。ドストエフスキーはロシアと現代社会における病理現象だ、という見方をします。マサリクはトルストイと仲が良く、徹底的な反ドストエフスキーです。

『罪と罰』のなかでソーニャは売春をして金を稼いでいる。そして一晩中祈ります。そのソーニャの足元に継母が泣いて跪《ひざまず》く。男に体を売って稼いだ銀貨を継母が礼をいって受け取っていき、またおなじ自堕落《じだらく》な生活をくり返す。非常に深い精神性、頭の中で観念を振りまわしながらその裏腹に日常生活ではいい加減な生活——ロシア人のそんな行動と言動を正当化するのがドフトエフスキーの思想だと、マサリクはいうわけです。

これが世の中を壊《こわ》す最大の要因で、世界の病理はマルクス主義とロシアからでてくる。この二つが結合してロシアに革命がおきると世界は大混乱に陥るので、それだけはなんとしてでも阻止しなければならないと考えたマサリクは、その観点から『ロシアとヨーロッパ』を書きはじめて最終的にドストエフスキー論を書こうと計画しました。

当時マサリクはウィーン大学の教授でしたが、そこに第一次世界大戦が勃発します。マサリクは、第一次大戦を契機にチェコ人とスロヴァキア人の国家をつくろうと考え、それに没頭したためロシア論を執筆できませんでしたが、病理現象としてのロシアの危険性を、アメリカに訴えています。ドイツの領土拡大衝動と軍国主義は病理現象であり、おなじくロシアでおきたマルクス主義による革命騒動も病理現象である。この二つの国はこれから世界のかく乱要因になる、とアメリカに強く注意を喚起したのです。

マサリクの世界観はドフトエフスキー的なるものの拒否です。すなわちロシア的なるものの拒否が、チェコスロヴァキア国家の存立基盤でした。

＊トマス・ガリグ・マサリク（1850－1937） モラヴィア（現チェコ共和国）出身の社会学者・思想家。チェコスロヴァキア初代大統領（在任1918－1935年）。主著にマルクス主義に対する体系的批判書『社会問題』、ロシア思想史にかんする研究書『ロシアとヨーロッパ』など。

チェコ人は神様を信じない

ドイツとロシアを牽制《けんせい》するために重要なのは中東欧です。中東欧に民主主義のベルト地帯をつくる。ドイツのナチズム、ロシアの共産主義に対抗して、フランス、イギリス、そしてアメリカにサポートされたアメリカ型民主主義の国をつくる。それによってロシアとドイツの野望を阻《はば》むことができる。そう考えてチェコスロヴァキア国家を建設します。そういう理念にもとづいてつくられた国家ですから、民主主義の原則が当時の国際連盟下でもっとも守られた国です。

国民の知的な水準はおそらく中東欧では一番高く、一人あたりの平均所得もドイツやスイスよりも高い、当時のヨーロッパでもっとも豊かな国でした。

ちなみに、正義に重要な価値を付与し、小国の権利を保全し、虐《しいた》げられた民族を守らなければならない、と主張して行動します。

一九三〇年代に入ると、「満州国」にたいする日本の侵略は世界秩序を乱すものである、と日本を厳しく批判し、国際連盟で「満州国」の独立を否認する決議案を提出しようとしたのもチェコスロヴァキアです。そういう独特の国です。

私がチェコの思想史に特別な関心を抱いたのは、偶然の要素というよりも、思想史的な交錯点と、ドイツとロシアの双方にたいする深い認識、自由への徹底した追求、こうした点に惹かれたからです。チェコ人は「長いものには巻かれろ」という考えで、本格的な武装闘争は嫌います。それから神様を信じない国で、ヨーロッパでは無神論者の比率が一番高い国です。現在は八割くらいだと思います。そういう特殊で興味深い国がチェコスロヴァキアです。

チェコスロヴァキアの民族地図

一九一八年に建設された第一次チェコ共和国は、三つに分かれていました。チェコ、スロヴァキアとルテニア（ルシン、またはザカルパッチャウクライナ）。チェコは、ボヘミアとモラヴィアに分かれます。モラヴィアはかつてモラヴィア公国という名で独立していました。スロヴァキアはハンガリーの一部でした。

スロヴァキアの隣にあるのがルテニアです。ここに住んでいる人たちを何人と呼ぶかは非常に難しいのですが、自称はルシン人です。九八八年にキエフルーシにキリスト教が入ってきたときの原ロシア人で、その後ウクライナ人がやってきたので自分たちはこの山に逃げ込んだ、という物語を信じている人たちです。実態がどうだったかはわかりません。このルシン人またはルテニア人は一つの小さい民族で、小さいスラブ系の三つの民族を合わせてチェコスロヴァキアという国をつくったということです。

ところがこれをウクライナの側から見ると事情は違います。

1918年に建国された当時のチェコスロバキア共和国

ソ連崩壊まで、ここをルテニアとかルシン人と呼ぶことさえも禁じられていました。じつはよく調べてみたら、この人たちは、ザカルパッチャウクライナ人というウクライナ人であって、民族統合の原則からしてソ連に割譲《かつじょう》すべきだということで、一九四六年にまだ共産化する前のチェコ政府が自発的に割譲しています。このルテニア地方を自発的に割譲することによって、当時スロヴァキア内にあったソ連の一六番目の共和国加盟を意図した運動を阻止することができました。一方、ソ連は、このルテニアを組み込んだことで、ハンガリーと直接国境をもつことになります。事実、一九五六年のハンガリー動乱のとき、ソ連軍はルテニア経由でハンガリーに入っています。裏返していうと、ルテニア割譲によって、スロヴァキアはソ連邦加盟から

逃げ切ったということです。

こうした歴史的経緯があって、ルシン人は反ウクライナ、反スロヴァキア、親チェコ、親ロシアです。要するに、国境を接している隣の民族は嫌い、その向こう側にいる民族は好き、だからプラハとモスクワとの関係はいまでもきわめて良好です。

ロシアは、二〇一四年三月、ウクライナのクリミア半島を自国領土に編入し、ウクライナとの緊張を高めていますが、歴史の流れからみると、ロシアがルテニアを大切にして、ウクライナにたいするカウンターバランスを取るためのカードに使っていることがわかります。現在進行形のウクライナ問題は、この観点からも注目すべきです。

バルトからフロマートカへの手紙

二十世紀ヨーロッパにおける、国家と公共圏の関係をみる上で、神学者カール・バルトが投げかけた問題提起は、きわめて重要で示唆に富んでいます。

ワイマール体制、ファシズム、冷戦など激変する国家の姿にたいし、それに翻弄《ほんろう》されず、みごとな距離感を保ち続けたこの人物から、公共圏を吸収したがる国家との闘い方を学んでみたいと思います。まずバルトがフロマートカに宛てた『プラハのロマドカ教授への手紙』です。ロマドカとは、神学者ヨゼフ・ルクル・フロマートカのことです。

「プラハのフロマートカ教授への手紙」

ベリグリ＝バーリーデン（チューリッヒ州）

一九三八年九月一九日

親愛なる同僚フロマートカ教授！

あなたが私の母の死に寄せられました手紙の言葉に対して、私は心から感謝しております。私はこの機会を用いまして、この週の間、特にここ数日、あなたや、あなたがたの民族と祖国について、どんなに率直な同情をもって考えているかあなたに語りたいのです。もしもあなたがその地で、夜となく昼となくある一つのことを考えておられるならば、私は考えにおいてはあなたと全く一致し、しかも全く同じ問題の前に立っていることを信じていただきたいのです。

（カール・バルト「プラハのフロマートカ教授への手紙」247ページ）

おびえる我々自身を直視せよ

この手紙が書かれた一九三八年に、なにがおきていたでしょうか。よく知られているように、ナチス・ドイツがオーストリア併合に続き、チェコスロヴァキアのなかでドイツ人口の多いズデーデン地方の割譲を要求してきたわけです。

当時、ズデーテン地方におけるドイツ人の文化的な権利は完全に保全されていました。ところが、まったく理不尽な話ですが、ナチスは民族統合の原則という理屈から「ズデーテン地方を割譲しろ」と要求します。それが一九三八年九月のミュンヘン会議で、フランスのダラディエ、イギリスのチェンバレン、ドイツのヒトラーとイタリアのムッソリーニの四人の〝妖怪〟による会談です。肝心の当事者であるチェコのベネシュ大統領は呼ばれていません。呼ばれないので会議場まで押しかけたが、入れてもらえない。

結局、ヒトラーの恫喝《どうかつ》におびえたチェンバレンとダラディエが、「平和を維持するために」と屈服してズデーテンの割譲を認めてしまい、事実上のチェコスロヴァキア解体を黙認、やがて第二次世界大戦への道に入っていきます。

その後、チェンバレンもダラディエもノーベル平和賞をもらうのですが、そのとき、西側の有識者でただ一人、それに異を唱えたのがカール・バルトです。この手紙は、ズデーデン地方がナチス・ドイツに併合される十日前に書かれたもので、ナチスの暴挙にたいする態度を表明した歴史的な書簡です。

そして、本当に恐ろしいことは、ヒトラーがドイツで行っている虚偽や暴力の嵐ではなく、イギリス、フランス、あるいはアメリカで――また私たちスイスにおいても――あなたがたの民族の自由が、今日、人間の推察によるなら、ヨーロッパやヨーロッパ以外の国々の自由と共に、立ちもし倒れもするということが全く忘れられるという可能性なのです。なぜなら、全世界は大蛇のすごい眼に惑わされているのではないでしょうか。

（同書　247ページ）

恐ろしいのはヒトラーやムッソリーニが戦争外交、瀬戸際外交だといって滅茶苦茶やっていることではない。奴らに蛇の目で睨《にら》まれたようになって、イギリスもアメリカもフランスもスイスも皆おびえてしまっていることだ。恐ろしいのはおびえているわれわれなんだ、と怒っています。

チェコ人よ、武装せよ！

バルトのフロマートカへの書簡は、チェコのこの状況に、フロマートカの決起をうながすものでした。フロマートカは、一八八九年、オーストリア＝ハンガリー帝国の一地方だったモラヴィアに生まれました。ちなみに心理学者フロイトや哲学者フッサールもモラヴィア出身です。この地域は独特の知性を輩出しています。チェコスロヴァキア建国直後、フロマートカは、マサリクのブレーン集団の一人として国家政策の形成に深く関与しました。その後、政治から距離をおいていたのですが、ナチズムの脅威が強まると、再び大学から政治の現場に戻ります。

かつてのフス主義者の末裔《まつえい》であるあなたがたは、あまりにも柔弱になっているヨーロッパに対して、今日でもなお力強い男たちがいるのだということを見せてもらいたいのです。戦い、また苦しんでいるすべてのチェコの兵隊は、私たちのために——そして今日、いささかの留保もなく言いますが、ヒトラーとムッソリーニのかもし出す雰囲気に呑まれて笑いものになっており、あるいはすでに絶滅されているイエス・キリストの教会のために戦い、また苦しんでいるのです。　（同書　二四七ページ）

手紙にあるフス主義者とは、中世末期のボヘミア（チェコ）の宗教改革者で、チェコという国家を建設するときにマサリクらが表象《シンボル》としたのが、一四一五年に異端として火刑に処せられたヤン・フスの物語でした。くわしくは拙著『宗教改革の物語』（角川書店）を読んでほしいのですが、処刑の直前、「異端であると認めれば命を助ける」といわれたが、フスは拒否しました。フスの最期の言葉「真実は勝つ」は、チェコ人を団結させる意味をもっています。だからマサリクは「われわれはフスの民族なんだ」といい、フス派の宗教改革をもう一度イメージして国家をつくったのです。

バルトの手紙はひと言でいうと「武装抵抗しろ」ということです。負けるに決まっているが、チェコのような民族はそうしないと生き残れない。ヒトラーにたいする異議申し立てを武装抵抗してやるしかないんだ、という意味です。

ここで重要なのは、当時ヨーロッパで強い影響力をもっていたキリスト教社会主義者も、ナチの横暴と闘おうとしないなかで、これはキリスト教的な観点から絶対に必要な闘いだとバルトが確信していることです。

ナチス下のドイツキリスト教会

一方、ナチスの台頭を許したドイツの教会は、当時どういう状態だったのか。

ドイツ語でキリスト教はクリステン(Christen)ですが、ChをKにして、Kristenと変えます。つまり、われわれのキリストはChristというラテンからきているのではなく、ドイツの土着でKristなんだ。そしてイエス・キリストを体現しているのは、我が総統アドルフ・ヒトラーだ、というわけです。

こうしてはじまったドイツキリスト者運動は、聖書を改訂していきます。一番悪いのはユダヤ人の奴隷精神をもつパウロであるとして、パウロに関連する文書を全部削除します。真のアーリア人であるイエス・キリスト、そしてそのアーリア人の後継であるマルティン・ルター、さらにアドルフ・ヒトラー、これに奉仕するための教会をつくるという非論理的な運動がおきて、それがドイツの国教会となります。

それにたいして、カール・バルトを中心としたごく少数の牧師たちが「告白教会」をつくって地下に潜伏しているという状態です。つまり、公式の教会はまったく抵抗できず、ヒトラー万歳という状況になってしまっていたわけです。これが当時のドイツキリスト教会の実態でした。

ソビエトとナチス、どちらも悪魔なのか？

その頃、チェコスロヴァキアをはじめ中東欧の諸国民は、西からナチスの脅威にさらされ、東には共産主義革命によって成立したソビエト連邦という、まだどう評価すべきかわからない存在を抱えていました。

愛する教授よ。今は人々が健全な意味では、暴力に対する恐れと平和への愛を第二義の問題となし、不正に対する恐れと自由への愛を断固として第一義的なものにすることが、信仰ゆえに命令されていると言わねばならない特別な時ではないでしょうか。もしプラハが堅く守られるならば、ロンドン、パリも攻略されることはないという期待を、私は押えることができないのです。人々はソ連の援助を受けることを好みません。なぜなら、ソ連の力が強大になるなら、ベルゼブルによって悪霊を追い出すことにならないだろうかというのです。（同書　248ページ）

悪霊をAとするとベルゼブルは悪霊Bです。旧約聖書でベルゼブルは「蠅《はえ》の王」と呼ばれる異神教の神で、新約聖書ではマタイ、マルコ、ルカの福音書に悪霊の頭《かしら》として登場します。聖書は、悪霊Bによって悪霊Aを追い出すとどうなるかを書いています。

家の掃除をして悪魔を追いだした。すると「いやー家がキレイになった！」といって悪魔が仲間を七匹連れて戻ってきた。（『マタイによる福音書』十二章「汚れた霊がもどって来る」）チンピラ退治を悪魔に頼むと、あとでもっと面倒なことになる。ソ連は悪魔みたいなものだから、それに頼むと、あとでコワイのがでてくる、つまり共産主義革命がおきるということです。ソ連はチェコを支援するといったわけですが、西側はこれを拒絶しました。

そのような判断にたいし、バルトは次のようにいいます。

けれども、すべてにおいて遂行される神の摂理と計画と意図について、結局私たちは何を知っているのでしょうか。ただ確実なことは、人間の側から可能な限りの抵抗が、今日、チェコの国境において行なわれねばならないということであり、そしてまたさらに、その抵抗する良心というものは――その抵抗と共に最後の結果もまた――できるだけ多くの者がその信頼を、人間に、政治家に、兵器に、飛行機に置くのではなく、生きておられるイエス・キリストの父なる神に置くことに示されるということです。

（同書　２４８ページ）

抵抗が最後の手段であるならば、抵抗する、しないの基準はなにか。これはキリスト教徒としての立ち位置から、徹頭徹尾考えないといけない問題です。

聖書を改ざんし、神でないアドルフ・ヒトラーを神として拝《おが》ませる。こういう自己中心的、人間中心的な政治体制や思想からは必ず世界制覇の野望が生まれる。どうとり繕《つくろ》おうと、ヒトラーの目的は征服のための征服である。それは取り引きができるような相手ではない。これは根絶するしかない。状況によっては、暗殺によってヒトラーを除去するシナリオも排除しない。

不正を看過することと、自由を愛することを区別していくということです。その組み立てからすれば、ときには暴力に訴えざるを得ないという考え方をバルトはするわけです。

ここで重要なのは、政治評論家でもない神学者に正しい政治的洞察ができたのか、ということです。

絶対的外部性による洞察

あなたがたの民族が、この困難な現在において、またおそらくはより困難になるであろう未来において、生と死における唯一の慰めとしての神の言葉を想起し、またそれを繰り返し想起することこそ、あなたの最後の慰めになるでありましょう。ドイツの歩兵部隊は、あなたがたより強いかも知れません。けれども、彼らは、最後的に重要であり、また期待に値する確信を、どのように、またどこから持つことができるであろうか、私は知らないのです。

（同書　２４８ページ）

ここにある考え方は、人間は神様によってつくられたものである。神様は天国にノートをもっている。そのノートのなかに歴史は確実に刻《きざ》まれている。自分もフロマートカも選ばれる側にいる、という確信です（予定説）。だから、地上でおきる暴力や軍事力や恫喝などはたいしたことではない。ヒトラーに殺されても、終わりの日にわれわれは復活して永遠の命を得るのだから、いまこのとき沈黙してナチスの支配に協力するならば、復活の日には火の中に落とし入れられる。

バルトには、典型的なカルヴァン派の刷《す》り込みがあるので、こういう論理になるわけです。ヒトラーはシニカルでニヒルだから、力だけに依存してどんな残虐なことだってやる。全世界を自己の支配下にするまで、その野望はとまることはない、ナチズムはそういう稚拙《ちせつ》かつ乱暴で単純な論理でしかない、と切って捨てています。だから、ソ連を使ってでもナチスを叩き潰さなければ、という発想になるのです。

国際政治学や国際法の知識などよりも、ぎりぎりのところで、どういう人がしっかりした洞察力をもって歴史をみることができるのかというと、私はカール・バルトのような、絶対的な外部性をもっている人だと思います。自己の外部に判断基準をもつということです。それによって、自分自身や自分の国家を含め、すべて相対化できるわけです。

ですからこれは、国家の外部にある人間が、国家を通すかたちで抵抗を訴えている。チェコ国家はナチス・ドイツに武装対峙せよという発想です。

ヒトラー暗殺計画

　じつはこの手紙は公開書簡です。バルトは、フロマートカに黙って書簡を公表するものだから、ゲシュタポに狙われ、全国指名手配されたフロマートカは危うく殺されそうになり、ほうほうの体でスイスに逃げて助かったわけですが、バルトはそういうことを平気でする人です。天国のノートにフロマートカも名前を書かれているから、絶対に逃げ切れる、という確信があって、そういう行動をとるわけで、それを神学では「上からの介入」といいます。

　ちなみにもう一人、抵抗運動をした神学者でディートリッヒ・ボンヘッファー（1906－1945）という人がいます。

　この人は当時アメリカに留学していましたが、バルトは彼にオルグ（勧誘活動）の手紙を書くわけです。ボンヘッファーは、神学上の奇跡といわれるくらいすばらしい著書『聖徒の交わり』を二十一歳で書いた天才的神学者です。彼は、コルプス・クリスティアヌムが世俗化し、成熟していく社会において、非キリスト教的キリスト教をわれわれが構築していく時期にきているのではないかと、真剣に考えました。神や宗教を考えなくなった時代に、どうやって人間が超越性を担保するか、この問題にとりくんだ神学者です。

　バルトは、アメリカでその問題にとりくんで成功している彼に、手紙を送ります。

　一方、バルトはナチスに追いかけられているため、スイスの安全地帯に、そのころつくった女性秘書と一緒に住んでいます。「この人がいないと私は思索がうまく進まない」とかいって、隣のベッドルームに住まわせたのですが、バルトは妻をうまくまるめこめ、妻と女性秘書は同じ屋根の下で住むことになります。だから私生活はそうとう大変な人でした。ところが日本ではバルトタブーがあるから、この話を神学者はしません。

祖国ドイツがナチスによってあのようなことになっているんだよ。君はどうして安穏《あんのん》とアメリカにいるんだ。キリスト教徒の立場からして祖国に戻って抵抗運動に従事すべきじゃないか、とバルトはボンヘッファーに手紙を送っています。抵抗運動でも、もっとも難しい戦線に入るべきだと諭《さと》され、彼は国防省の情報本部に入り、イギリスとの間の秘密連絡交渉を担当します。

ボンヘッファーがその頃バルトの指令を受けながらやっていたのは、ヒトラー暗殺計画です。一九四一年七月十一日、参謀本部のはなれで会議が行われているとき、アタッシュケースに爆弾を詰めてヒトラー暗殺を企てたが、偶然にもヒトラーは難を逃れたという事件があります。その計画にボンヘッファーも間接的に関与しました。それで捕まってしまい、一九四五年四月に絞首刑になりました。

東ドイツをどう評価するか？

さて、つぎに読む『東ドイツのある牧師への手紙』（一九五八年）では、東ドイツの牧師たちからバルトに寄せられたいくつかの質問にバルトが答える、というスタイルをとっています。

第二次大戦後、中東欧の国々が社会主義化し、東西冷戦が深まるなか、一九四九年、西ヨーロッパ文化圏にあるドイツに、東ドイツ（ドイツ民主共和国）という、ソ連の共産主義陣営に属する国家が生まれます。一方、西ドイツ（ドイツ連邦共和国）には、反共主義をかかげるアデナウアー政権が誕生しています。一九四五年以降、キリスト教と本質的に敵対する国家が、初めて西ヨーロッパ文化圏のなかに成立したわけですが、この社会主義国家をどうみるのかについてのバルトの原理的な解明があります。これを手がかりに、われわれは国家とどう関係をもつべきなのか、どう距離をおくべきなのか、その境界線をみていきたいと思います。

バルト自身は東ドイツの共産主義体制はもちろん嫌いです。嫌いですが、前章でみたナチズムへの対応とは、原理的に別の対応をしています。ナチスと東ドイツは基本的に違う体制だとバルトは判断します。それはなぜかということを読み取っていきたいと思います。

「なぜ、カール・バルトはハンガリー問題について黙っているのか？」。それに対して当時の私は一言も答えませんでした。それがほんとうの問いでないことは、あまりにも明らかでした。

（カール・バルト『東ドイツのある牧師への手紙』170ページ）

神学の常套《じょうとう》手段は、どんな質問にもいっさい答えないことです。「そんな不誠実な質問に答えられるか」というわけです。答える、反応することは、相手の土俵にのってしまうことです。それが圧倒的に不利なとき、神学者は絶対に論争しません。

これは政治やビジネスにおける交渉術にも応用できます。交渉することであきらかな不利が予想されるときは、絶対に交渉の土俵にのらない。それがインテリジェンスの鉄則です。

この頃バルトは、東ドイツはひどい体制であるにもかかわらず、それに反対しないのはおかしい、バルトは共産党の代弁者ではないかと批判されていました。彼はソ連陣営を支持したことはありませんでしたが、西ドイツの反共主義を手厳しく非難しています。

だが、あなたのご質問は、（その中にも、かすかな雑音の混じっていることを私は聞き逃しはしませんが）まったく違った種類のものです。あなたは、いずれにせよ、不毛な「反抗《アンティ》」や「協調《プロ》」が実際上ほとんど役に立たぬような場所から、つまり、人間が日々、万難を排して、それから最善のものを生み出そうとする意図をもって、共産主義の現実と対決せねばならぬ、そういう場所から、私に語りかけておられます。そして、実際、あなたにとっては、ご自身の表現を使えば「われわれをエジプトの肉鍋へつれ戻すだろうような、アデナウアー式の解放以上に」恐るべきものは「何もない」のです。

（同書　171ページ）

ここでバルトがいう「エジプトの肉鍋」のエジプトは西ドイツのことです。

このエピソードは、モーセが「出エジプト」でエジプトから逃げ出してくるときに、乳と蜜の溢れる地に連れて行くと約束しておきながら、いつになっても着かないし、腹が減ってかなわないと人々が抗議すると、「パンがなくても人は生きられる、天からのマナを食え」とモーセはいいます。マナとは朝露《あさつゆ》にのって落ちてくる寄生虫のようです。ヘンな虫を食わされてがまんしろといわれるのでみな怒り、おそらくモーセを殺してしまったのではないかと、フロイトは解釈しています。

「東ドイツは社会主義で平等だというのは自由だが、それでも〝肉鍋〟が食べられる西ドイツに戻りたいと東ドイツの人々が思うようにする」これが当時西ドイツのアデナウアー首相が考えていた東ドイツ解体論です。

こうした西側の揺さぶりにのらないのが、バルトです。

「東ドイツ」というと、シュタージなどの秘密警察が暗躍する恐ろしい国というイメージがありますが、その見方もステレオタイプです。

じつは、ナチス・ドイツに抵抗して亡命した知識人のほとんどは、当初東独に帰国していました。たとえば『第七の十字架』を書いた作家アンナ・ゼーガース、劇作家のブレヒト、ユニークなマルクス主義哲学者だったエルンスト・ブロッホ（一九六一年、西ドイツに移住）、そして東独に帰国する前に亡くなったトマス・マンの兄ハインリッヒ・マン。彼はアメリカに亡命していましたが、帰国先は東ドイツにしています。

当時の東ドイツは知識人のなかで大きな吸引力をもった国家でした。この書簡が書かれたのはハンガリー動乱の二年後の一九五八年で、東ドイツにおけるスターリニズム体制が相当に進んだ段階です。ただ、ソ連共産党の第二十回大会（一九五六年）でスターリン批判があって、東独の体制に少しすきまがでてきたときの文章です。

ナチスの踏み絵、東ドイツの踏み絵

さて、こうした状況のなかにいる東ドイツの牧師は、東西ドイツの統一をのぞむのはよくないことだろうかと質問します。

「西ドイツはヨーロッパの伝統を持つ自由な社会である。生活水準も高い。それにあこがれて東独が西独に吸収されることをのぞむのは、クリスチャンとして妥当かどうか」

これにバルトは、「そんなことだけを考えているのは妥当でない」と答えます。

要するに、いまある所与の条件のなかで最善を尽くすことが肝要で、外側の国家にみずからの国家を解消するのはキリスト教徒の国家観としては正しくない、といっているわけです。

バルトの考え方を敷衍《ふえん》していくと、国家は基本的に悪です。

しかし、国家にたいして抵抗権を行使するのは、限界情況にいたるまで耐えた上でのことで、それまでは、国家と信仰を安易に結びつけない方がいい。東ドイツの体制は良いものではないが、本質的に西ドイツの体制も同じようにロクでもないものだ。程度の問題であり、東西の対立とはそのレベルのことである。バルトはそういう発想です。ただし、ナチズムについては、ただちに叩き潰さねばならない。キリスト教の観点からみても看過できないものである。というのは人間を拝ませ、神の地位を人間にとらせようとするからであり、絶対に認められないということです。

ナチス党をつくった東ドイツ

ドイツ民主共和国憲法（東ドイツ憲法）はたいへんよくできています。ほとんどワイマール憲法を踏襲しているだけでなく、それにプラスして、少数民族の権利保全を視野に入れたものです。

たとえば、エルベ川沿岸に住むスラブ系の少数民族ソルブ人の言語や文化の権利も認めていて、じっさいに少数民族保護政策はすぐれています。

そして、東ドイツは複数政党制でした。ドイツ社会主義統一党は共産党と社会民主党が一緒になったものです。このほか農民党やキリスト教民主同盟という政党があり、さらに自由民主党もあります。

それからすごいのは、旧ナチス党で悔《く》い改めた人たちを集めてつくった党があることです。国民民主党という政党は元ナチス党員によって構成されていました。ドイツ第六軍、スターリングラード攻防戦のときのフリードリヒ・パウルス元帥は、この党には加わりませんでしたが、東ドイツに戻り、戦後、内務省の戦争研究室参与になりました。複数政党制をとる東ドイツですが、西側の複数政党制とは違います。議席配分は最初から決まっていて、絶対に政権交代がおきないしくみになっていました。

これはうまいやり方です。共産党の一党独裁体制にすると、旧ナチスの連中は行きどころがなくて西ドイツと結びつく可能性がある。キリスト教徒たちも、受け皿がなければ外側の反共勢力と連繫をとる恐れがある。しかし、国内に全部受け皿をつくっておけば、最初は反体制的な野党であっても、そのうち建設的野党になるというわけです。

このように、東ドイツ方式はよくできていますし、憲法自体もすばらしいものです。問題はそれがきちんと運営されていたかどうかで、憲法に則《のつと》って国家が運営されていれば、秘密警察シュタージはいらないはずです。

国家に忠誠を誓う程度

東ドイツでは牧師も神父も国家公務員です。したがって政府から給与がでていました。その方がコントロールしやすいからです。

問い　われわれはドイツ民主共和国が、内蔵する危険性にもかかわらず、この国に対して、それから要求された忠誠宣誓をなすべきでしょうか?

答え　私は、この忠誠＝宣誓という言葉の意味を知りませんが、しかしこの宣誓をする者が、かつてのヒトラーへの誓いの時のように（「私は総統への忠誠と従順を誓います……」）、外観とは違う中味を買わされるのではなくて、要求された宣誓の対象が、ドイツ民主共和国憲法によってその本質を規定されている、現存の国家秩序の定義と合致するもの、と仮定しておきましょう。（同書　186－187ページ）

ちなみに、かつてヒトラーへの忠誠は公務員全員に要求されました。バルトも当時ボン大学の先生で、国家公務員でした。そのとき彼だけは「ただしプロテスタント教会の一員として従える範囲において」と、一行、但し書きをつけました。それでバルトは大学教授の資格を失い、ドイツからスイスに行かざるを得なくなったわけです。

では、東ドイツの秩序にたいして忠誠を誓うべきかどうか、バルトは次のように答えます。

「忠誠」はこの秩序の根底に横たわるイデオロギーの是認を意味しません。そして「忠誠」は、この秩序の実際上の指導者や代表者のいっさいの価値判断の是認を意味しません。「忠誠」イデオロギーに対する思想的自由の留保、ならびに、当の国家秩序の一定の自己主張《エクスプリカチオン》と自己実現《アプリカチオン》とに対する抗議、あるいは抵抗の留保をも含んでいます。忠誠なる反抗とでも言うべきものが実際存在するのです。（中略）――もし、私があなたの立場にいたとすれば、この意味においてドイツ民主共和国に忠誠を示し、この国の要求する宣誓を誠意をもってなすことに何らの困難をも見出さないでしょう。

（同書　187ページ）

　これはいい換えると国家は暴力性をもっている、一定の秩序をもっている。それにたいし、われわれは、とりあえず秩序は守るが、それは憲法に保障されている範囲内だけだ。だから、仮に東ドイツ憲法が、信教の自由を認めないとか、良心の自由を認めないものならば、そんなものに忠誠を誓う必要はないということになります。憲法のテキストをみて、一定の範囲内ならば忠誠を認めるが、この国が主張しているマルクス・レーニン主義をキリスト教徒は認めるわけではない。

　資本主義国家においても、その根底にあるブルジョアイデオロギーとか、戦前の日本であれば「万邦無比《ばんぽうむひ》のわが国体」という「天皇制」、イランならばイスラム原理主義など、そういうものは認めない。国家としての秩序は守る。忠誠とはその程度でかまわない、といっているわけです。

　つまり、バルトが考える忠誠とは、もっと重い内容です。

　バルトは、国家が憲法の枠組みを超えて人間の内面に侵入してきたり、恣意《しい》的に暴力を行使するようになれば、それに抵抗するのも忠誠だといっています。

「抵抗の留保がある」とはどういうことかというと、東ドイツの国家に忠誠を誓うことで原理的な問題は生じないだろう。要請されている忠誠の度合いが非常に低いのだからと。

これはキリスト教の根元的な部分にかかわります。国家などにすべてを委《ゆだ》ねてはいけない、とバルトはいっています。

私が外務省に入省したのは一九八五年でした。当時、同志社大学神学部の仲間にいわれたのは、国家は神のような神格性を帯びやすいものなので、自覚的な神学者であろうとするなら、「国家公務員になるのは原理的におかしいのではないか」ということでした。『獄中記』（岩波書店）にも書きましたが、キリスト教徒はつねにこういう観点をもっています。キリスト教徒の考え方を端的にいうと、できるだけ国家公務員や軍人にはならない。ただ、その秩序は尊重するということです。これが原型で、あとはその変型です。

ナチズムとキリスト教は対話不能

東ドイツの牧師のなかには、この国を祈り滅ぼしたいと思う人もいました。しかし、腹のなかで「この国は一日も早く壊れた方がいい」と祈るようなやり方について、バルトは、「それは自分の趣味ではない。この国がおかしいならば、それをよくしていく方向で努力すべきだ」と考えています。

これはフロマートカとバルトに共通する考えですが、二人は基本的にマルクス主義を、フランス革命の落とし子と見ています。フランス革命の左翼、すなわち「人間の理性の力によって理想的な社会をつくることができる」とする思想を徹底的に考え抜いて神の残滓《ざんし》を一切なくした極端なヒューマニズムがマルクス主義である、ととらえているわけです。

たいして、キリスト教は徹底的なアンチヒューマニズムです。しかし、というか、それだからこそまじめなヒューマニズムとは人間について対話可能である、とキリスト教は考えます。

第二次大戦後、アメリカの大学で教鞭《きょうべん》をとっていたフロマートカは、社会主義化したチェコスロヴァキアに戻り、「人間」にたいする理解を深めるとして、キリスト教徒とマルクス主義者との対話をはじめています。そのときかれが重要視したのは、「話者の誠実性」でした。

他方、ナチズムは最初からシニシズムであり、ニヒリズムだから、アンチヒューマニズムです。「血と土」であるとか「強いものがより強くなる」などというものと、キリスト教は、対話不能です。

別のかたちで敷衍すると、新自由主義的な原理の弱肉強食、「負けた者は飢え死にすればよい」というような国家原理を立てる新自由主義国家が生まれたとするなら、それはキリスト教の立場からみれば、ナチズムと同じになります。その底にあるものが強力なアンチヒューマニズムだからです。

新自由主義の根元にあるものは、キリスト教の原理原則と絶対に相容れません。人間が、類である他者の死を手放しで礼賛するような思想は、神への反逆と限りなく近いわけです。なぜなら、人間は神がつくったものだからです。

許される逃亡と許されざる逃亡

さらにすすみましょう。つぎの問いでは、東ドイツの圧政から逃亡することの是非について議論されています。

東ドイツの教会は、西側に亡命した牧師や神父にたいして、その資格を剥奪《はくだつ》します。「それはやりすぎじゃないか」と質問者はいいますが、バルトは、当たり前だと答えます。

たとえその理由が何であろうとも、そちらでドイツ民主共和国を、そして実は、彼の教会を捨てた者は、人間の前でも神の前でも、以前と同じように、牧師の資格とともかくそれに結びついた諸権利を所有することはできません。（同書　192ページ）

個人的な理由で逃げるのはわかる。しかし、逃げたあとには残された信者たちがいるし、教会員がいる。東ドイツ国家がどうであれ、自分個人の都合で逃げるような人間に文句をいう資格はない、というごくあたりまえのことを語っています。

ただ、当時の西側ではこうしたバルトの考え方は容共的とされ、バルトは「赤い神学者」のレッテルを貼られていました。しかし、考えてみれば、反共主義で固まっている西側諸国でも、とくに反共的なスイスでこれだけの距離感がとれたのは、やはりバルトがきちんとした外部性をもっていたからです。外部性をもっているからこそ、ものごとを考えることができるのです。

バルトの姿勢、これはフロマートカにも共通することですが、東側に居ていいことは何もないのに、そこから逃げることを良しとしない。

東側の神学生たちはエリートですが、彼らは西側に留学しても亡命しません。哲学や科学技術を専攻していた理科系の学生は亡命しています。ところが神学を勉強していた学生は、西側に留学しても亡命せずに、ふたたび東側に帰ります。

その理由は、東側で自分たちの同胞が苦しんでいる、その代表として自分たちは送りだされてきたのだから、西側で身につけた神学的知識を自分の共同体の生き残りのためにつかう。だから戦線から離脱することはできない。こういう責任感です。

「東側は政治的にひどいから西側に逃げてこい」と牧師たちに呼びかけるのは、結局、神学的な訓練を受けていない圧倒的大多数の東側のキリスト教徒に苦難をもたらす。そういう政治的な発想ではいけない、とバルトは考えるわけです。

国家とは距離をおけ！

さて、ここまでみてきたようなバルトの考え方はどこに根ざしているのでしょうか「回答」の後書きで、バルトは、教会という、いわば公共圏の立場から官僚階級と対峙するうえで、たいへん重要なことを示唆しています。

この手紙を終わる前に、西ドイツの兄弟たちのために一言弁護させていただきます。あなたは、彼らがあなた方の境遇や問題を不十分にしか理解していないことに対してひそかに不満をもらしておられます。たしかに西側の兄弟たちは事実上あなた方の国の事情についてあまりにも関心がなさすぎるかもしれません。しかし、このことは、私がこの手紙のはじめにペテロ前書第五章九節と結びつけて言おうとした事柄と多分密接に関連していることがお分かりでしょう？（同書　一九三ページ）

ペテロ前書第五章九節には、次のようなことが書かれています。

「信仰に固く立って抵抗しなさい（新共同訳：信仰にしっかり踏みとどまって、悪魔に抵抗しなさい。あなたがたと信仰を同じくする兄弟たちも、この世で同じ苦しみに遭っているのです。

それはあなたがたも知っているとおりです）」

じつをいうと、私が鈴木宗男事件に連座して東京地方検察庁に逮捕された後も外務省を辞めなかったのは、まさにこのペトロ前書の第五章九節の論理に従いたいと思ったからでした。いま居るところから動かない。動かないで徹底的に抵抗することによって情勢を内側から崩したり変化させたりする。このようなことが、キリスト教の社会倫理として非常に重要視されています。キリスト教徒は、相手の弱みを知ると、そこから絶対に離れていかないという発想があります。

ルターの「私はここに立つ。ここからもう動かない」という有名な言葉があります。こんな奴は早く追いだしてしまいたい、亡命させて外にだしてしまいたいと思われても、中に居座って建設的な批判をしていく。それが国家にとって一番嫌なことです。結果として社会を強化するわけです。ですから、バルトなどが「東ドイツから逃げるな」とさんざん主張することによって、東ドイツを内側から変容させたということです。

一九八九年に東ドイツは崩壊しましたが、そのときなぜ教会があれだけ大きな役割をはたしえたのか、皆さんもこれでわかったと思います。

ちなみにドイツのメルケル首相のお父さんは、西ドイツから東ドイツに赴任した牧師です。

東西ドイツのプロテスタント教会は、六〇年代まで福音主義教会という統一組織をもち続け、人事もまったく一緒でした。この福音主義教会が分裂したとき、お父さんはみずからの選択で東ドイツに残っています。

歴史の流れをきちんとみれば、西側で勉強しても苦しい東側に帰っていく神学生、地下でサポートしている西側の神学者たち、それらのネットワークがあって、国家と距離を保つことに成功したからこそ、東ドイツの体制を変えることができたのです。それは同時に、西側にいるキリスト教徒も国家にたいして距離を保っているわけです。

「国家が悪だ」ということは、まともな神学者の間では共通の理解になっています。国家悪と距離を保って具体的にどのようにつきあうか、ということが重要なのです。

公共圏のイデオローグ

第二次大戦中、バルトはいろいろな方法で、あちこちに手紙を送って抵抗やテロをうながし、教会をつかってナチスを裏側から揺さぶりました。自分の手紙をマイクロフィルムに写し、義歯にいれて運ばせたりもします。第二次大戦後は、東西冷戦構造のなかで、バルトは東ドイツの神学者や牧師らに語りつづけ、関係を維持し続けました。神学者はどういう役割をはたすべきかを考え続けたのが、バルトという神学者でした。

カール・バルトは主著を『教会教義学』と名付けました。キリスト教の教義学ではなく、教会という共同体の教義学です。

バルトは、キリスト教という宗教の立場においてキリスト教教理を考えるのではなく、教会という共同体の立場でキリスト教の教義を考えることを明確にしているわけです。これを世俗社会におき換えると、西であれ東であれ、いかなる国家体制であれ、国家の立場に吸収されないためには、徹底して共同体の立場から考えなければならないということです。

つまりバルトは、公共圏のイデオローグなのです。

別の角度からみると、教会は公共圏に所属する組織です。自分たちで自己充足していて、金も集めることができ、食事もできて成り立っている団体です。強い力をもつこともあるけれども国家と一体ではない。基本的にはだれでも入ることができる。そして、バルトは徹底した公共圏のイデオローグだから、国家の外側にある、ということです。教会の立場を原理として思考し、行動することが、すなわち国家との絶妙の距離感をもたらし、それが官僚階級と対峙するうえで正しい判断をうながすことにつながるわけです。

日本の場合、それがなかなか理解できないのは、公共圏がたやすく国家と同一視されてしまうからです。ところがヨーロッパの場合、公共圏は国家と距離をおいて自治をもつ強力な団体で、状況によっては国家に抵抗するものとして、目にみえるかたちでイメージできるわけです。

裏返していえば、教会のような一つの自己充足した中間的な組織が複数生まれて、それらとインテリたちがもっている横のネットワーク、編集者や書き手たちのネットワーク、あるいは職業別の労働組合のネットワークなどが結びつけば、国家は一目おかざるを得ないし、そういう団体と一定の妥協をしなくてはならないということです。

官僚階級の凶暴化を抑えるには

官僚階級論の結論を先取りすることになりますが、国家は抽象物ではなく、官僚がその実体を担っています。その国家＝官僚が、弱肉強食をふりかざし、「税を納めない奴は死ね」、あるいは人の内面に介入して、戦前の修身のような「道徳を教科にせよ」などと、強権行使しないようにするためには、社会を強化しなければなりません。

具体的には、社会団体を強化すること、その力によって官僚を規制するわけです。

それと同時に重要なのは、官僚になる人たちにたいする啓蒙です。

官僚は国家のために必要です。知的なエリート、能力的に高い人たちがなる職業です。官僚として、自分のはたしている機能がなんであり、どこから自分の給与がでているのかを客観的にわからせることです。官僚は社会から吸い上げた税で食べている。これは、イデオロギーとは関係ありません。論理の世界であり、論理整合性の問題です。たとえ個々人の官僚がどんな考えをもっていようとも、「官僚とは階級である。官僚以外の社会から収奪《しゅうだつ》することによって食っている階級である。自分の仕事の裏打ちをしているものは国家が独占している暴力である」――こういう議論を承認せざるを得ません。

ハーバーマスが分析した官僚階級の態度は、公共圏と国家の関係を官僚自身が認識していない場合、つまり素の状態ではどうなるか、ということでした。

公共圏からの批判にたいし、官僚は、「なんちゅう不満をこいつら言ってるんだ、ふざけるんじゃねえ」というように、暴力を背景に知性や理性にもとづかない対応を最終的にはします。

しかし、官僚の供給源は公共圏の側にあるわけです。しかも、近代的官僚は貴族政治のような世襲ではなく一代限りです。新しい血は社会からつねに補給しなければなりません。

社会を強化する、大学を強化する、有識者のネットワークを強化する、メディアを強化することで、官僚の機能にたいするコンセンサスをもたせ、そのなかから官僚を送りだしていくならば、歩留《ぶど》まりがわかる官僚がでてくると私は考えています。

日本の官僚が優秀だったのは、おそらく、戦後マルクス主義の影響が強いなかで、東京大学の法学部や経済学部で、また京都大学においても、マルクス経済学やマルクス主義法学の影響が強かったので、学生時代に論理整合的に国家の構造や社会の構造について一定の勉強をしたがゆえに、官僚というものの歩留まりがわかっていたからでしょう。

それがいま、新自由主義的な時代になるとともに知的劣化がはじまり、「自分たち官僚が絶対的に正しい」「自分の努力でエリートの地位をつかんだ」とカン違いしている愚か者が多数となっています。

官僚は社会的機能であり、その存在は必要です。たまたま自分がそこに行くだけであって、そこには運もあった。こういうことが現在の官僚たちにはわからない。そうすると、年収百万円のフリーターは「怠け者」だからいまの境遇は当然の報いだ、という理解にいきつきます。本人が貧困から抜け出せないのは社会構造に問題があるからだ、と気づかないのです。

そうすると結局、福祉を平気で切り捨てることになり、社会が衰弱し、その結果、国家の力が弱まります。

この官僚階級の凶暴化のスパイラルが、なぜいまの官僚や政治家たちにみえなくなっているのか。私は知的な力が衰退しているからだと思っています。だから、啓蒙的な機能を強化すれば、時間はかかるけれども日本の国家官僚は、本来の意味でもう一度強くなるのではないかと期待しています。

第3部　官僚階級のゲームのルール

——柄谷行人をてがかりに

第1章 『トランスクリティーク』で読み解く官僚階級

新帝国主義の時代

本書もいよいよ大詰めにきました。

年収二百万円以下の給与所得者が一一〇〇万人を越え、二〇一五年には生活保護受給世帯が過去最高を更新するという、格差ではすまされない絶対的貧困が深刻化するいまの日本で「究極は生き残りだ！」ということになったら、これはこわいです。「負けた奴は自己責任」「人間は平等じゃない、弱い者からの収奪《しゅうだつ》が国家の生き残る道だ！」──正直、こういう言説がでてくることじたいが、資本主義の末期症状です。

ただ、これが生き残りをはかる一つの道であることも事実です。

二〇〇八年のリーマン・ショック以降、アメリカ発の新自由主義のゆきづまりが明らかになり、アメリカ、ロシア、中国、イギリス、ドイツ、フランスなど主要国は、エゴイズムを露骨に主張しはじめました。かつての帝国主義のような植民地獲得競争ではなく、外交・貿易で「食うか、食われるか」のしのぎを削る新帝国主義の時代に入っているのです。

他方、国内では、かつて日本と東南アジアとの間にあった格差が、日本国内の格差に転じて構造化されています。労働者の実質賃金をどんどん切り下げて、非正規雇用を無制限に拡大していくのですから、中間層は没落し、絶対的貧困が増大するのは、必然的な流れです。国家＝資本を担う官僚が、資本の論理を貫徹しようとなりふりかまわず暴走すれば、そこから導きだされる結論は、つぎの二つになります。

一、新自由主義のグローバリズムが新帝国主義に転換している現下の状況から脱却することができず、日本の社会も国家も弱まっていく。

二、さらに国家がシンボル操作によって排外主義を煽《あお》り、「ここは憲法九条を廃して戦争というかたちでいこう」というように、国民の活力を国家に糾合しようとする方向をとる。

第二次安倍政権は、さまざまにジグザグしながらこの二つの結論にむかわざるを得ません。そうではなく、恐慌も戦争もどちらも嫌だというかたちで脱け出す方法を、われわれは探究しなければならないということです。

官僚階級にむき出しの暴力をふるわせないためにはどうするか。そのためには、相手のゲームのルールを知る、つまり官僚階級の内在論理をつかんでおくことが必要です。

その手がかりになるのが、柄谷行人の『定本　柄谷行人集3　トランスクリティーク』（岩波書店）です。この稀代の名著は、官僚階級とはなにかについて、理論的に解き明かすと同時に、官僚階級が資本主義体制にとって歴史的にどのような位置を占めてきたかを教えてくれます。

ただし、柄谷さんの関心は官僚階級そのものにはなく、そのまなざしは、資本主義の停止という、より大きなテーマにむけられています。その結論部分で私と柄谷さんの考え方は若干異なっています。

しかし、この第3部であつかう国家の実像、民主主義のからくり、想像されるネーションは、すべて資本主義システムから生じていることはまちがいありません。ここでは、柄谷さんの理論展開をていねいに追いながら、私の官僚階級批判を提示していきます。

「トランスクリティーク」とは

〝トランスクリティーク〟は英語でも一般的ではない言葉で、おそらくは柄谷さんの造語で、相互批判という意味です。

ところが、批判というと、日本では誤解されて受けとめられています。これは明治期にヨーロッパからクリティークという概念が入ってきたときの誤訳です。

日本語でいうところの批判は、歌舞伎の批評からきていて、なんでもいいから文句をつけることです。批判の本来の意味は「一つの基準をもってものごとを判断すること」で、かならずしも文句をつけることではありません。対象としてものごとをとらえ、それにたいしてなんらかの評価をすること、という意味です。じつは多くの場合、批判とは評価対象を好意的に理解することです。

柄谷さんは、マルクスの視点からカントをみて、カントの視点からマルクスをみる。といってもじっさいにはもっと複雑な展開をしていて、カントのなかでは『純粋理性批判』『実践理性批判』『判断力批判』という形而上学《けいじじょうがく》も、少しずつ立場が違いますし、マルクス『資本論』も、第一巻と第二・三巻は構成が違っていますから、そこの間を移動しています。

ところで、形而上学とはなんでしょうか。一般的には「メタ・フィジカ」、すなわち自然や物理を越える神とか霊魂のような存在を問う学問のことです。ただし、カントがいうところの形而上学は、それとは意味合いが違います。

われわれにとって当たり前にみえていることを、そのように受けとめさせている（思い込まされている）認識の枠組みそのものを吟味することです。人間の認識の根本的構造のありかたを問うことを、カントは形而上学と呼んでいます。

＊柄谷行人（１９４１－　）思想家。２０００年以降の著書に『定本　柄谷行人集１－４』『世界史の構造』『哲学の起源』『帝国の構造』『遊動論』がある。『世界共和国へ』はカントの思

想を二十一世紀によみがえらせようとする著作。

＊エマニュエル・カント（1724－1804）　ドイツの哲学者。主著に『純粋理性批判』『実践理性批判』『判断力批判』がある。カントの思想の全体構想を描いた『プロレゴメナ』（ドイツ語で序文の意）、国際連合の理念が理解できる『永遠平和のために』は必読書。

『トランスクリティーク』の読み解き方

『トランスクリティーク』を読み解くポイントは二つです。

一点目は弁証法の復活です。

図式的な弁証法は、正（正命題）、反（反対命題）、合（統合命題）で結論をだしますが、弁証法をそのようにとらえるのはまちがっていると柄谷さんは指摘します。弁証法とは永遠に終わりがない運動であり、正と反がぶつかり合ってずっと続いていくような状況、つまり、カントの二律背反（アンチノミー）が弁証法の本来的な構成であると柄谷さんはいいたいのだと思います。

二律背反の構成は必ずしもカントによらなくてもできます。たとえば哲学者ヴィトゲンシュタイン（1889－1951）が『論理哲学論考』で語ったように、二階に昇るためにははしごをかけるが、上がったらはしごを蹴落《けお》とす。つぎに三階に昇るためにははしごをかけ、上がったらまたはしごを蹴落とす……こういう言い方もできるでしょう。

ただ、一般に弁証法の構成をとっていないカント哲学に運動の概念を導入したところに興味深い点があります。このような弁証法の復権が『トランスクリティーク』の一つめのポイントです。

二点目は、マルクスとエンゲルスの持ち分を整理して、乱暴にいえばエンゲルスによって汚染されていないマルクスを回復することです。その結果、マルクスはアナーキストであるという結論がでてきます。

柄谷さんは、マルクスはまかりまちがっても社会主義者ではない。社会主義は国家と結びつきやすいので国家社会主義になる。『資本論』の社会主義の部分はエンゲルスの発想で、そこからドイツ社会民主党を経てボルシェビキのソ連へと発展していった。これにたいしてマルクスの考え方はアソシエーショニズム、共産主義だと主張し、その観点から、マルクスはアナーキズムとの親和性が高いと指摘します。

じっさいの各論はそうとう踏みこんで論究されているので、二十一世紀の初頭に出たこの本の価値は、おそらく百年は失なわれないと思います。それくらいよくできています。

ちなみに『トランスクリティーク』の十年後に刊行された『世界史の構造』（2010年、岩波書店）は、『トランスクリティーク』で提起した論点を、人類史（「世界システム」の歴史）

の流れに位置づけなおしたものです。構想じたいの枠組みは『トランスクリティーク』と変わっていません。むしろ、ものごとを哲学的に考える訓練をするという意味で、本書を徹底的に読み込むことが大事だと私は思っています。

では、さっそくみていきましょう。

アナーキストは躓く

柄谷さんは、国家を否定するアナーキストの主張には賛同しつつ、他方ではそれが主観的で理論を欠落させているために、つねに躓《つまず》いてしまうと指摘します。じっさい、労働者のアソシエーション（国家に依存しない共同体）をうたった一八七一年のパリコミューンも、わずか二ヶ月で崩壊してしまいました。

> 同じことがアナーキスト（アソシエーショニスト）についていえる。彼らの自由の感覚や倫理性は賞賛に価する。が、そこに、人間を強いる社会的な関係の力に対する理論的な把握が欠けていたことは否定できない。そのため、彼らの試みはつねに無力であり悲劇的に終った。
>
> （柄谷行人『トランスクリティーク』 4ページ）

アソシエーションとはなんでしょうか。アソシエーションの概念は、かならずしも共産主義的なものに限定する必要はありません。

たとえば、第一次安倍内閣で語られた「美しい国」も一種のアソシエーションです。しかしながら、社会の力関係を理論的に把握せずに政治的実践をおこなうと、必ず失敗します。その観点からみると、第一次安倍政権がなぜ失敗したのかは理論的におもしろい問題です。

安倍さんの体調が悪くなったのは、彼自身が思想的に引き裂かれてしまったからです。小泉―安倍路線は新自由主義と保守主義の二つを表象していました。安倍政権は交わらないその両方に軸足をおき、「まじめに」追求したので、理論も体調も破綻《はたん》した、と私は思っています。この観点から、第二次安倍政権を分析するのもひとつの方法です。

自由主義の二つの源泉――自由主義(オールドリベラリズム)と愚行権

かつて私は、小泉―安倍路線を「新保守主義」と主張していたのですが、それはやめることにしました。なぜなら、靖国神社や慰安婦問題としてでてきている表象には新しいものがなにもないからです。すべてかつて右翼の街宣車がいっていたことのくり返しですから、これに「新」をつける必要はありません。それに、かつての小泉―安倍路線には、アメリカのネオコンのように、リベラルを経たうえで新しく保守を創造するという知的な操作がありませんでした。だから、「新」をつける必要性はどこにもないということです。

ただし、「新自由主義」には「新」が必要です。

自由主義には、じつは二つの系譜があります。一つは経済的自由主義。それは、資本主義が発生する段階で「二重の自由」をもつプロレタリアートが生まれた。土地にしばられていない自由と生産手段をもたない自由。この二重の自由をもったプロレタリアートが出現することによって、労働力が商品化されるわけです。そこで「自由な契約」を結び、自由に競争していく資本が生まれる。新自由主義と経済的自由主義は、直線的につながっています。稼ぐが勝ちで、資本の自己増殖に最高価値を見いだす考え方です。

ところが、自由主義にはもう一つの源泉があります。それは三十年戦争です。

十六世紀の宗教改革によって誕生したプロテスタンティズムにたいするカトリックの弾圧にはすさまじいものがありました。一六一八年、ボヘミアのプロテスタントが反乱をおこします。これがきっかけで、ドイツを主戦場にした三十年戦争がはじまります。プロテスタントとカトリックの間の戦争です。そこからさらに火がついて、プロテスタント内部でも、カルヴァン派とパブテスト派、メノナイト派の間で激しい内紛がおきました。その結果、圧倒的に強い教会がどこにも存在しなくなります。ひと言でいうと「宗教の時代」が終わったのです。そこではじめて「官僚」が必要になってくるわけですが、それについてはあとで述べることにして、いまここで重要なのは愚行権《ぐこうけん》です。
カトリック教会からみればプロテスタント教会は愚かです。プロテスタント教会からみればカトリック教会の方が愚かです。カルヴァン派からみればルター派は愚かです。そういう関係ですが、みずからに危害を加えない限りは、いかに愚かなことを他の人が信じていようとそれは許容する。愚かな行動を許容し、それを認める。

日本国憲法でも愚行権は保障されています。憲法第十三条の幸福追求権です。これは各人の幸福追求権ですから、人それぞれです。ある人からみれば、他の人の考える幸福はきわめて愚かなものに思えるかもしれない。しかし、他者に危害を加えない限り、それはそれで認めるという考え方です。

新自由主義においては、この後者の政治的意味での自由主義（愚行権）は継承されていません。新自由主義とオールドリベラリズムの違いをひと言でいえば、新自由主義は新自由主義的価値観だけを押しつけ、それ以外のことに寛容性がありません。そこには政治的自由主義と経済的自由主義が近代初期に内包していた矛盾があらわれています。政治的な自由主義が欠落していることに、いまの新自由主義の特徴があります。

カントによる「反省」の手法

『トランスクリティーク』は、資本主義を観察し、記述したいくつものすぐれた視点を、移動しながらその実像をあきらかにしようとする試みです。資本主義と国家の実像を把握するしかたは、カントの「反省」の手法によっておこなわれます。

　カントの反省の手法は、たんに物事を多角的にみる、というレベルにとどまりません。自分の視点も他人の視点も必ず歪《ゆが》んでいる。歪んでいるものをいくら集めてみたって実像をとらえることはできない。カントの反省の要諦は、「歪んでいる」ことを衝撃的に自覚させるような視差に注目するところにあります。

　視差とは「私の視点」と「他人の視点」の「違い」から生じる「違和感」といってもいいと思います。ものごとをみるときに、おなじできごとが当事者にとってはこうみえるのだが、われわれにとっては別にみえる……というかたちで論議を発展させていく。一般的にカントのアンチノミー（二律背反）といわれているものですが、これがカントの弁証法の復活だということです。

　カントの哲学は超越論的——超越的と区別される——と呼ばれている。超越論的態度とは、わかりやすくいえば、われわれが意識しないような、経験に先行する形式を明るみにだすことである。

（同書　17ページ）

超越的と超越論的は違います。超越的とは、いわば人知を超えた神の領域のことです。たいして、超越論的とはカントがつかいはじめた言葉で、個人の経験的感覚はことごとく歪んでいる、だから実像はあらゆるまなざしを超えたところに存在する、という考え方です。

では、人間はどうやって実像を把握しうるのでしょうか。

カントの独特の反省の仕方は初期の作品『形而上学の夢によって解明されたる視霊者の夢』にあらわれている。（中略）ここでカントがいっているのは、自分の視点から見るだけでなく、「他人の視点」からも見よ、というようなありふれたことではない。カントがいうのは、むしろその逆である。もしわれわれの主観的な視点が光学的欺瞞であるなら、他人の視点あるいは客観的な視点もそうであることをまぬかれない。であれば、反省としての哲学の歴史は「光学的欺瞞」の歴史でしかない。カントがもたらした反省とは、そのような反省が光学的欺瞞でしかないことを暴露するような種類の反省である。反省の批判としてのこの反省は、私の視点と他人の視点の「強い視差」においてのみもたらされる。

（同書　17－18ページ）

ここでいう光学的欺瞞《ぎまん》を別のモデルでいうならば、おそらく「サングラスモデル」でしょう。皆がサングラスをかけているとします。レンズの色はみな違う。いずれかの色のサングラスを通してこの世界を見ているわけで、色の偏見は皆についています。ということは、純粋なサングラスなしの世界は理論的に確定されない。したがって、だれもが皆、偏見をもっていることを相互に承認しあう、という構成になります。

これはイギリスの政治思想家のエドマンド・バーク（1729－1797）あたりとそんなに変わりません。バークは『フランス革命についての省察』において、神の領域を縮減《しゅくげん》させ、人間の理性を突きつめていったときにおきたフランス革命を批判的に考察した人です。「人間にとって偏見は重要な位置を占めており、そこから逃れられない」といっています。

じっさい、ドイツ古典哲学を代表する哲学者といわれたカントも、合理主義の側面と、保守主義、非合理主義の側面を併せもっています。柄谷さんは、そのどちらの方向でもなく、実像を認識するためにカントがとった方法論を再評価しているわけです。

ところで、「視霊者」という意味はわかるでしょうか。カントはスウェーデンボルグとの関係で、若干神秘主義的なところに入っていきます。

＊スウェーデンボルグ（一六八八－一七七二）　スウェーデンの自然科学者として多くの業績

を残すが、キリストに関する霊的体験を得たとして、それをもとに多くの神学的著作を著した。カントの『視霊者の夢』では彼に対する批判が書かれている。

悟性と理性の視差

カントは、人間の認識作用というものを考察するにあたって、その認識のありようを、感性、悟性、理性に分けて考えました。

さて、「悟性」とはなんでしょう。悟性は、まだ思いつきの要素が除去されていない状態での思考のことです。ですから、「悟性でとらえる」とは「直観的にとらえる」ことの延長にあります。

それにたいして、理性は「A＝B、B＝C、だからA＝C」という論理的なものです。理性はだれにでも共有できます。

じつは中世まで、理性よりも悟性の方がレベルの高い認識だととらえられていました。なぜかといえば、本当に頭のいい人はものごとの本質を直観的に理解する。中世哲学の目標とは「直観で神をみること」で、神を瞬時に把握することです。何十年間も神学的な研究、哲学的研究をしてもつかめないのであれば、瞬時につかむ方が認識レベルが高い、と考えられていたわけです。

ただし、悟性は「考えること、思うこと」ですから、瞬時に把握したことが正しいかどうかがわからない。となると手続きを踏んで、論理を組み立てて説明する方が、真理としてのレベルが高いという考え方に転換するわけです。

そうした転換がおきたのはカントの頃です。要するに、中世まで理性とはレベルの低い認識とされていましたが、それがカント以降にひっくり返った。これを「カント以前／以降」と呼んでいるわけです。しかし、カント自身は理性を悟性より高級なものと考える理性主義ではなかったと思います。

たとえば、水が入ったガラスのコップに箸《はし》を入れてみると屈折してみえます。しかしそれは、錯覚で、じっさいの箸はまっすぐです。

ポイントは、悟性でみた場合と、理性でみた場合では、差異が生じてくるという点です。この「視覚の差」が重要なのであって、悟性が理性より低いということではありません。

ところが、このカントの理論が誤解されて、「だれが一番理性的か」＝「だれが一番賢いか」というような思想的展開がカント以降に生じますが、柄谷さんはこれを批判しているわけです。ここにトランスクリティークの原点がある、と柄谷さんはいっています。

経済恐慌で生じたマルクスの視差

では、マルクスがとらえた「視覚の差」とはなんでしょうか。マルクスは二十七歳のとき、『ドイツ・イデオロギー』をエンゲルスとともに、ブリュッセルで執筆しました。マルクスが唯物史観を確立した本です。

ドイツのイデオロギーとは、先進国イギリスにおいて実現されていることを観念的に実現しようとする後進国言説にほかならない。しかし、マルクスにとってそれは彼自身がはじめてドイツの言説の外に出ることによって得た、或る衝撃をともなう覚醒の体験であった。それは、自分の視点で見ることでも他人の視点で見ることでもなく、それらの差異（視差）から露呈してくる「現実」に直面することである。イギリスに渡って、マルクスは古典経済学の批判に没頭した。マルクスはドイツにおいてすでに、資本主義への批判も、古典経済学への批判もやり遂げていた。いったい、マルクスに『資本論』に結実するような新たな批判の視点を与えたものは何か。それは、古典経済学の言説では事故や間違いとしてしか把握できなかったような出来事、すなわち、経済恐慌が与えた「強い視差」であるといっても過言ではない。

（同書　20ページ）

経済恐慌に直面した十九世紀のイギリスが、資本主義の世界トップの座から陥落してしまった。恐慌はそれまでの古典経済学では説明がつきません。ところがマルクスは、恐慌を資本主義のメカニズムにとって必然的におきるものととらえたわけです。

> カントやマルクスはたえず「移動」をくりかえしている。そして、他の言語体系への移動こそが、「強い視差」をもたらすのだ。（同書　21ページ）

強い視差を求めて、たえず異なる場所へと移動していく。その視差の錯綜《さくそう》が差異の体系として思想をつくっていくという発想です。

マルクスは、資本の運動のメカニズムを、外から観察して『資本論』を書いたわけです。Aという資本家、Bという労働者、Cという土地所有者からみると、それぞれにとっては違ってみえる。それぞれの「間」を移動しながら、資本の運動をみています。

別の角度からいうと、われわれは、一ヶ月働いて、翌月も働いて、一年、二年と働いているうちに、商品を生産すると同時に、労働者としての自分の立場をも再生産しているわけです。そうするうちに、さまざまな資本主義的なイデオロギーが身についていきます。「出世して少しでも上に行きたい」、または「おカネ儲けは正しい」、あるいは「生活保護を受けている奴は怠け者だ」とか。いつの間にか資本主義的な論理がわれわれの身体に沁みこんでしまって、それが当たり前のように思えてくる。なかなか資本主義的な発想から脱け出すことができなくなる。つまり、われわれの思想も感性も、資本主義システムの影響を受けながらつくられているわけですが、そういう価値観をもたされている自分自身をいったんそこから離れてみることが大切です。

ところで、文体が変わるということは、じつは書いている人間の思想が変わることです。マルクスの文体は、二度変わっています。初期のヘーゲル批判を書いている頃の言葉遣いが『ドイツ・イデオロギー』を書いているときに変わりました。二度目に変わったのは、『グルントリセ』（経済学批判要綱）を執筆したときです。一人の人間が書く文体が変わることは、思想が変化したことを意味します。

これは余談ですが、作家ドフトエフスキーの作品は、初期の『貧しき人々』から中期の『罪と罰』、そして最後の『カラマーゾフの兄弟』まで、文体の変化はほとんどありません。一般的には『貧しき人々』のときは革命家だったが、『罪と罰』のときには完全に悔い改めたキリスト教徒になってキリスト教を伝道する文学として理解されています。にもかかわらず、なぜ文体がおなじなのか。しかも、物語のプロットも主人公の考えていることも、ほとんど変わらない。これは非常に不思議な現象で、すなわちドフトエフスキーの思想が変わっていないということです。

産業資本と商人資本との決定的違い

それでは、柄谷さんが『トランスクリティーク』で中核にすえる『資本論』の解釈をよみましょう。

> 資本とは自己増殖する貨幣であり、G—W—G'という運動の過程としてある。
>
> （同書　28ページ）

資本の運動は、貨幣を増やそうとする絶えざる運動です。Gはゲルト（貨幣 Geld）、Wはバーレ（商品 Ware）の頭文字です。G—W—G'とは、カネから始まり、それが商品になってカネになる。資本家はカネをもっていて、それで商品を買い、その商品を売って、最初のGより大きいカネG'を得る。カネが変態（メタモルフォーゼ）するのが、資本の運動のメカニズムです。

産業資本においては、このWの部分が原料・生産手段および労働力商品になる。そして、労働力商品こそ産業資本に固有のものである。産業資本の剰余価値は、たんに労働者を働かせることによってではなく、（総体としての）労働者が作ったものを労働者自身が買い戻すことにおける差額から得られる。

（同書　28ページ）

産業資本主義の特徴とはなんでしょうか。産業資本と商人資本との決定的な違いは、「労働力商品」という特殊な商品を購入するという点にあります。

それは、労働者に賃金を払って仕事をさせ、商品を作り、それを労働者に買い戻させるというシステムです。そこに生じる差額（剰余価値）によって、資本は増殖する。これはじつに巧妙なシステムです。

産業資本は、ゲルト（G）すなわち金で「労働力商品」と「原料」「生産手段」を購入し、それで作った物を売ることによって、利潤を含むG′を得るわけです。

とはいえ、原理的には商人資本と同じことである。古典派経済学は、商人資本主義（重商主義）を攻撃し、それを詐欺（不等価交換）と見なした。だが、商人資本は異なる価値体系の間でなされる交換から剰余価値を得るとしても、それぞれの価値体系の内部での等価交換にもとづいている。商人資本が空間的な差異から剰余価値を得るとしたら、産業資本は技術革新によってたえず異なる価値体系を時間的に作り出すことによって、剰余価値を得るのである。

（同書　28－29ページ）

ただし、カネでモノを買い、さらにそのモノ（商品）を売って、最初より大きいカネを得る（G―W―G′）という資本の運動原理においては、産業資本と商人資本はおなじです。

商人資本の価値の源泉は地理的な差異です。たとえば黒胡椒やクローブといった香辛料は東インド諸島でしか手に入らない貴重なものですが、ヴェネツィアやポルトガルの商人は、シルクロードまたは海路ではるばる持ち帰り、高価な値で売りました。つまり、地域（空間）の差を利用して、珍しいものを高く売り、利潤を得る。それにたいして産業資本は、時間的な差異から価値を生みだすわけです。

恐慌でゾンビのごとく蘇る資本主義

さて、資本主義はもうけるための運動ですから、生産をどんどん拡大していこうとします。それにあわせて機械や原材料も増やしていく。ところが「労働力商品」は人間ですから、二四時間三六五日働かせ続けると死にます。つまり、必要だからといって急に増やせないし、また必要がないからといって廃棄できません。

ですから、人手が足りなくなると労賃が上がり、当然のことながら利潤率が下がります。しかし、賃金の上昇には天井があるわけで、利潤をはるかに超えるような状態になってしまえば、資本家にとって労働者を雇う意味がなくなります。けれども労働力にも労働市場が存在するのですから、じっさいに賃金が資本家の利潤を超えるほど上昇する場合は、たしかにおこります。このために資本制経済は景気循環をくり返し、ひどい場合には恐慌を避けられないのです。

しかし、恐慌になったらどうするか。資本家は労働者をリストラし、イノベーション（技術革新）をおこして、より少ない労働力でおなじ商品を作るようにするわけです。

結局、恐慌によって資本はその矛盾を現実的に解決するから、恐慌じたいから資本主義が死に至ることはありません。そのことを宇野弘蔵は、「資本主義はあたかも永続するがごとく続く」と表現しています。

マネーゲームが終わったあとは

ところが、二〇〇八年のいわゆるリーマン・ショックによる金融恐慌は、『資本論』を直接適用して分析することができません。リーマン・ブラザーズ破綻から生じた金融恐慌は、

「労働力商品」の値段が高騰しすぎておきたという組み立てとは違います。

あれは金融マネーゲームで、賭博とおなじです。要するに、生産部門に資本を投入して利潤を追求するのではなく、資本家が本業をおろそかにして、賭場に行って稼いでいたわけです。そこで膨《ふく》らんだカネをみていると、そこに経済があるようにみえてしまうのですが、しかし、そこにあるのは経済ではなくてバクチです。

デリバティブ（金融派生商品）という本来、商品にならないようなもの、将来にかんする予測を商品にしてしまったということです。この商品を資本として用います。マルクス経済学の用語では擬制《ぎせい》資本（架空資本ともいう）になります。将来の予測というわけのわからないことを商品にし、そこに格付け会社という占い師を連れてきて、その占い師が「AAA」、「AB」などと占います。この占いが、一種の物神化現象をおこしました。物神化とはフェティシズム、すなわち神のように崇めることです。皆がその占いに従い、投機に走ったのです。そんなものが幻想だということは、マネーゲームに参加している人間は、最初からわかっているわけです。それが崩壊してしまいました。

英語で恐慌をパニックもしくはクライシスと表現するのは、恐慌が本当にパニックを起こすからです。恐慌には必ず不安の心理がともないます。

いってみれば、信用というシステムが崩れることが恐慌の原因でもあります。つまりフィクションの上で組み立てられて膨れあがったマネーという擬制資本が破裂したということです。

そもそも、資本主義システムは、大きなフィクション（擬制）で成り立っているわけです。それは「商品は基本的に売れてカネになる」というフィクションです。

商品から貨幣への過程には、命がけの飛躍――商品が売れてカネになる保証はありません――があるにもかかわらず、普段はそんなことがないように考えています。ところがじっさいに、商品を作ったが売れないという状況になれば、そのとたんに資本主義システムは崩れることになります。恐慌の基本形はなにかというと、商品はたくさんあるのに売れないということではありません。投資するおカネはたくさんあっても、儲ける先がなくなってしまう。資本がこれ以上投資しても利潤を得られないという資本の過剰が生じることが、恐慌の原因です。

マネーゲームが終わったあとにやって来るのは、戦争の危険性です。戦争は公共事業ですから、為政者さえやる気になればいつでもできます。人口法則にかんしても、過剰な人口は戦場に送ってしまえばいいわけですから、自分が戦争に行かなくてすむのであれば、戦争は魅力のある資本主義の生き残りかたです。

カントの「コペルニクス的転回」

話を戻します。ものごとを批判的にみるためには強い視差が必要だと柄谷さんは強調します。そのことをカントが「コペルニクス的転回」と呼んだ新たな反省の方法から説明します。

カントは、『純粋理性批判』における新たな企てを「コペルニクス的転回」と呼んだ。この比喩は、それまでの形而上学が、主観が外的な対象を「模写」すると考えていたのに対して、「対象」を、主観が外界に「投げ入れ」た形式によって「構成」するというふうに逆転したことを意味している。これは或る意味で、主観（人間）中心主義への転回である。ところが、コペルニクスに関して誰もが知っている「転回」とは、何よりも天動説から地動説への転回である。つまりそれは地球（主観）を中心とする思考の否定なのである。では、カントは、このような「転回」を無視したのだろうか。否、私の考えでは、カントの「物自体」という考えにこそ、この意味での「コペルニクス的転回」があらわれている。

（同書　52ページ）

人間がものごとをどのように認識するかということですが、カント以前とカント以降では、物の認識のしかたはまったく違います。

カント以前においては、空間にあれこれ物が存在しているし、自分自身も存在する物の一つです。それが接触することによって認識する。つまり、認識とは客観的に存在する事物（対象）の意識への反映（模写）であるという理解でした。これが模写論（反映論）です。

そのとき、認識する主体がどちらかということは問題になりません。

それにたいして、カント以降は、「認識する主体がある」という考え方が入ってきます。主体が対象をみて、頭のなかで再構成する。認識主体、認識対象、認識作用、この三項の図式になっています。モデルとしてはカメラでなにかを撮影するようなものです。対象となる像があり、フィルムがある。カメラのシャッターを押す行為がある。そうするとフィルムに像が再構成される。こういうイメージです。そこでなにが重要になってくるかというと、認識作用（認識能力）、つまり認識を組み立てる脳です。

ここでカントは、それまでの認識論がいう「認識が対象にしたがう」というとらえかたを転換し、「対象が認識にしたがう」という主張をつらぬくことによってのみ、認識は客観性をもつと考えました。これがカントの「コペルニクス的転回」といわれるものです。

カントの「現象」と「物自体」

時間は、我々人間の直観の主観的条件にほかならない。そしてこの主観を度外視すれば、時間はそれ自体無である。しかし、時間はおよそ、現象に関しては、必然的に客観的である。

（黒崎政男『カント「純粋理性批判」入門』講談社選書メチエ104－105ページ）

空間もそうですが、時間は「物自体」の成立条件ではなく、人間の認識が成立するための「主観的条件」である、ということです。カメラでいえばフィルムにあたります。カメラのフィルムと、そこに映った像が存在しているかどうかはまったく関係ありません。カントは、われわれが認識するのは、主観（主体の認識作用）によって構成された現象のみで、物自体はわからないといいます。カントは「現象」と「物自体」を区別しました。

「現象」は、われわれの認識作用でとらえられる自然のような領野。

では「物自体」とはなにでしょうか。

「物自体」は認識できません。極端にいえば、神とおなじようなものです。現象の背後にひそむもので、逆に考えると、「物自体」のあらわれが現象だということもできます。

認識の外側になにかが「在る」からこそ認識ができるわけです。物であるコップも、神も、外部に在るなにかが、認識作用によって再構成されて「コップ」とか「神」という概念になる。

カントは、人間がなにかを認識し、それを頭のなかで組み立てる（構成する）前に、「物自体」が存在していると考えました。これは乱暴にいうと、「在る」ことを大前提とした発想です。こういう実体的なものの考え方は、ユダヤ教、キリスト教、イスラム教が支配する地域ではまったく抵抗がありません。

ところが日本の文化では、思想的にインドの影響が強く、「在る」を前提とする考え方には抵抗感が強い。中国哲学はまだ実体的な物の見方をしますが、インドは関係主義的な見方、すなわち事物は相互の因果関係からできている、それがあたかも実体のようにみえているだけで、じつはそれは仮の姿だ、という仏教の根本的な考え方がある。つまり、関係が存在に先立つという考えです。その影響を受けた日本の文化風土では「在る」という「物自体」はわかりにくいのです。

観念論をいまだに崩せない近代哲学

ここで、別の角度から「在る」ということを考えてみます。

観念論とはなんでしょうか。観念論とは自分の頭のなかの基準でものごとを理解する考え方です。したがって観念論は崩せません。絶対に強いのです。ところが、この考え方を突き詰めると、自分が消滅したときにこの世界が存在するかどうかが確定できません。つまり、外部世界、とりわけ他者の存在が観念論では受け入れられません。

以前、奈良興福寺の貫首の多川俊映《たがわしゅんえい》さんと唯識《ゆいしき》（無意識を重んじた考え方）の話をしました。多川さんは、徹底した絶対観念論を展開することができます。この世のすべては究極的にはそれぞれの中にある阿頼耶識《あらやしき》（根源的な深層意識）の構成による、というのです。だから外界はないことになる。

たとえばコカコーラのビンを私がみているとしましょう。絶対観念論の立場に立つと、この私がみているコカコーラのビンと、他の人がみているものは同一物であると絶対に保証できません。それぞれの阿頼耶識が異なっているから違ってみえている、ということになります。

観念論は絶対に崩せませんが、それでは他者の存在を説明できません。絶対観念論を思想の構成上とったとしても、他者の存在のところを整理しないと、日常生活においては、夢で見ることが昼間に現実でおきたこととおなじ重みをもつ素朴実在論になるわけです。素朴実在論と絶対観念論は同居してしまう危険性があります。

近代哲学の歴史をひと言でいうなら、それは観念論を批判する歴史であったのですが、結論からいえば、観念論をいまだに崩せていないわけです。

たとえば、夫婦という実体があるから夫婦という概念があるのではない。男と女がいて結婚するという関係性があるから夫婦という概念が出てくるというのが仏教的な考え方です。ただ、それも本当は仏教的な考え方からすればダメです。なぜかというと、男と女という実体を立てているからです。仏教においては、「有情《うじょう》の業《ごう》」という関係を根拠づけるような、それ自体がまったく実体がない物、そこから実体らしき仮象、仮の姿が生じるという考え方をするわけです。関係は実体に先立つ、つまり縁を大切にするということです。

鏡に映る姿は自分ではない

さて、「現象」と「物自体」、コップや神をわれわれがどのように認識するかという話をしてきましたが、これはどこにつながるのでしょうか。『トランスクリティーク』を読み解くねらいは、資本主義と国家の実像を把握することにあります。そこに至る前に、ここでもう一つの〈ヤマ〉を越えておきましょう。

さきに私は、「実像」の把握は「反省」の手続きによっておこなわれるとのべました。反省は「鏡に己《おのれ》の姿を映す」ともいわれます。われわれが自分自身の顔や姿をはじめて知るのは、なにによってでしょうか。

反省はいつも、鏡に自らを映すというメタファーで語られる。鏡は「他人の視点」で自分の顔を見ることである。それゆえ、ここで、鏡と写真を比較してみよう。写真が発明された当初、自分の顔を見た者は、テープレコーダーで初めて自分の声を聞いた者と同様、不快を禁じ得なかったといわれる。鏡による反省には、いかに「他人の視点」に立とうと、共犯性がある。われわれは都合のいいようにしか自分の顔を見ない。しかも、鏡は左右が逆である。一方、肖像画は確かに他人が描いているが、もしそれが不快なものであれば、それは画家の主観（悪意）によると見なすことができる。だから、他人がどう描いても、私には響かない。しかるに、写真にはそれらと異質な「客観性」がある。誰かがそれを写したにせよ、肖像画の場合と違って、その主観性をいうことができないからである。奇妙なことだが、われわれは自分の顔（物自体）を見ることができない、鏡に映った像（現象）としてしか。しかし、そのことを知るのは、写真によってである。むろん、写真も像にすぎない。そして、人はまもなく写真に慣れる。つまり、写真に写ったものを自分の顔と見なすようになる。しかし、重要なのは、人が初めて写真を見てそう感じたような「強い視差」なのだ。

（柄谷行人『トランスクリティーク』78–79ページ）

鏡に映った自分の姿は、自分の本当の姿ではありません。なぜなら左右が逆だからです。われわれがはじめて自分の姿を知るのはおそらくは写真です。しかし、写真に写っている像が自分の顔だとどうして確認できるのかというと、これはすごく難しい問題です。

おそらくわれわれは、顔が写っている写真をみて、その顔と自分の顔が一緒だと類推《るいすい》して、ここに写っている顔なるものが自分の顔なのかとみなしていくのだと思います。

自分の像が写っている写真を最初にみた時に感じるような「強い視差」、あるいはテープレコーダーではじめて自分の声を聴いた時に「これは自分の声じゃない」と感じる違和感、それが、人間が自己を認識する「反省」の手続きとして、もっとも重要だということです。

死者とは物自体

カントによれば、「物自体」を正しく認識している人は誰ひとりいません。自分の顔は、鏡や写真、あるいは映像に写った「現象」としてしかみることはできません。「私こそが絶対に正しくとらえている」——そんなことはあり得ないわけです。それぞれが、みずからの経験のなかでとらえた方法を移動しながらおこなう「反省」によってのみ「物自体」は立ち現れます。

このような「物自体」という考え方を「死者」という状況におき換えると、靖国問題の核心もみえてきます。柄谷さんは靖国問題にたいして根本的な異議申し立てをしています。

死者は、われわれが勝手に感情移入できる相手ではない、われわれが勝手に代弁できる相手ではない。死者は語らないし、無関心である。死者の名において語る者は、何にせよ、自分を語っているだけだ。死者を弔う者は、死者を忘れるためにそうするのだ。弔ったために、死者が変わるのではない。たんにわれわれが変わるのだ。死者は変わらない。だが、そのことによって、われわれが変わったということを顕わにする。だから、死者は狡猾である、とキルケゴールはいうのである。だが、死者はその意味で、まさに他者である。カントが他者を物自体として見たことは、わかりやすくいえば、われわれが合意をとりつけたり、「表象＝代表」したりできないものとして他者を見たことを意味する。ことわっておくが、それはレヴィナスがいうような絶対的な他者ではなく、ありふれた相対的な他者である。絶対的なのはむしろ相対的他者との関係なのだ。

（同書　１９３－１９４ページ）

柄谷さんは「物自体」をとくに未来の他者、死者であるととらえます。物は人に対して反証したりしません。死者は主張できないわけです。「英霊にすまない」

とか「戦争で死んでいった無辜《むこ》の民に申し訳ない」とか、死者に代わってわれわれが語ることは、死者を引き合いにだして自分の意見をのべているにすぎない。死者を通して一種のロンダリングを行うことによって、自己の言説の正統性を主張している——柄谷さんは、こういう手法は不適切だと考えるわけです。

したがって、本来靖国問題は成立し得ない。なぜならば、賛成派であれ反対派であれ、どちらも死者に仮託して語っているからです。つまり、柄谷さんは靖国問題それ自体を認めないという立場です。

死者とは他者であり、一種の「物自体」です。物自体である死者の意思をはたして理解することができるのでしょうか。生きている人間が、英霊であれ無辜の民であれ、彼らに仮託して話すこと自体が無責任な所行だということです。死者はなにも語らないし、なにも変えません。死者について語る人が変わるのです。

逆に、この靖国神社のたとえから、カントの「物自体」と、反省の手続きの重要性が理解できると思います。

第2章　民主主義はフィクションで成り立つ

さて、いよいよマルクスです。反省的手続きを経て、『資本論』では隠されていた国家と官僚の姿が、『トランスクリティーク』であぶりだされます。

マルクスが見抜いた民主主義のウソ

官僚階級論の核心の一つは、民主主義的代表機構が人民を代弁し、代表することができるのか、という問題です。

結論からいえば、民主主義とは国家が人民の意志を代表しているかのように見せかける詐欺だ、ということです。

公共圏の側から国家を統制するツールとして選挙があり、人民は自分の利益を体現している代表に投票します。民主主義の手続きとして、これほど明瞭なものはないように思えます。

ところが、その民主的選挙制度を通じて皇帝が生まれてくるという事件がおこります。

十九世紀半ば、当時ヨーロッパでもっとも民主的な議会制をもっていたフランスで、選挙という合法的な制度でえらばれた「ナポレオンの甥《おい》」を名乗るルイ・ボナパルト（ナポレオン三世）が、権力を手中にした後にクーデターをおこして帝政を復活させてしまう。皇帝となったルイ・ボナパルトによって、結局、民主主義的な制度が廃止されてしまった事件です。皇帝ルイ・ボナパルトの名は、この類《たぐい》の裏切りを俗に「ボナパルティズム」と呼ぶほどに象徴的なものとなっています。

マルクスの『ルイ・ボナパルトのブリュメール一八日』（一八五二年刊）は、民主的な選挙を通じて独裁者が現れるようすを描き、議会制＝代表制の矛盾をあきらかにしたものです。

これはいまの日本で、たとえばかつての小泉政権や第二次安倍政権の国民的人気の秘密を解き明かすうえで参考になるし、「代表するもの」と「代表されるもの」との断絶性は、自民党と有権者との関係だけではなく、民主党、公明党、共産党、日本維新の会、社会民主党と有権者の関係など、すべての政党にかかわりがあります。

ボナパルティズム的な現実は、当面、日本の政治構造につらぬかれると考えられます。

われわれが選挙に行くことは、必ずしもわれわれの利益を体現している人間をえらぶことにはならない。たしかに選挙でえらぶことはできます。ところがわれわれは、用意された政党や候補者のリストからしかえらべない。このことはハーバーマスも指摘しています。

では、民主主義の手続きと、それによって構成される代表機構が、いったいなんのために近代国家にとって必要となったのか。その構造をはっきりさせる必要があります。まず柄谷さんは、皇帝ナポレオンの登場から分析します。

『ブリュメール一八日』は、ヘーゲルの『歴史哲学』に対する巧妙なサタイアでもあった。なぜなら、一八四八年から五一年にいたる過程では、ヘーゲルのいう世界史的個人であるナポレオンの甥が、まさに世界史的個人という幻影にもとづいて権力を獲得したからであり、しかも、資本制経済のもたらす諸矛盾を国家によって解消する以外には、何一つ実現すべき課題も理念ももっていなかったからである。その意味で、ボナパルトはその後のファシズムをふくむ対抗革命のプロトタイプとなる。（同書　219ページ）

ヘーゲルがナポレオンという人格と世界史の展開とを結びつけて、「世界史的個人」と評価したことによって、後に、ただ「ナポレオン」と名乗るだけで人民の支持を得たその甥、ルイ・ナポレオン・ボナパルトが、フランス第二共和制を破壊することになります。

ここで柄谷さんが、これを「反革命」と表現せずに「対抗革命」と表現したことに着目してください。革命を拒否する反革命と、対抗革命は違います。対抗革命とは、社会主義革命やブルジョア革命に危機を感じ、別のかたちの対案を提示する革命です。その意味でいうと、まさにファシズムは対抗革命です。それには必ず現状にたいする何らかの改革の要素があり、その改革が民衆の感情を引きつけるわけです。

ファシズムのポイントは「資本の横暴を押さえ込むには国家の力＝過剰介入が必要だ」と国民が考えることです。

ファシズムと社会民主主義の違い

ところで、「資本制経済がもたらす諸矛盾を国家によって解決する」という発想は、最終的には国家に依存しないアソシエーショニズムの立場に立てば意味がないわけです。

私と柄谷さんの考え方の違いはここにあります。

国家は資本主義体制を延命させるために介入しますが、それには二つの方法があります。ファシズムと社会民主主義です。柄谷さんからみれば、ファシズムと社会民主主義は、しょせん資本主義の諸形態の一つにすぎませんが、私は国家にファシズムや新自由主義を選択させないこと、すなわち社会民主主義の道を歩ませることはたいへん重要だと考えています。

ファシズムと社会民主主義の違いは、自由主義原理の度合いです。社会民主主義は政治的自由主義原理を取り入れることができるが、ファシズムはできない。しかし、その幅、その少しの差というものが、政治システムにとっては決定的な違いとなります。現実には、ナチス・ドイツになるか、現在の福祉国家スウェーデンになるか、というほどの大きな違いがあるわけです。

一九九一年のソ連崩壊によって、西側諸国（資本主義諸国）にとって対抗システムだったソ連型社会主義の脅威がなくなり、そのために、あからさまな新自由主義政策がとられるようになりました。新自由主義とは純粋な資本主義ということです。

新自由主義とファシズムは対極にあるようにみえますが、じつは、資本制の平時と有事（危機）における国家介入のしかたの違いにすぎません。柄谷さんは、近代とはその両極を行ったり来たりしているだけだ、といいたいのだと思います。したがって、柄谷理論では、その両極のあいだに位置する社会民主主義などは、資本主義の通過点程度でしかないわけです。

しかし私は、社会民主主義という、戦争への道でもなく、餓死者があふれる状況にもならない、資本主義体制のなかでも非暴力的かつ平等主義的志向性の強い制度の選択を追求することは、非常に重要だと考えています。

民主主義と独裁は矛盾しない

話を戻しましょう。われわれは、選挙でえらんだ政党や政治家を、自分たちの利益を体現する代表として議会に送りだすことにより、その代表機構が国民の意思を反映してくれると思っています。ところが、『ブリュメール一八日』でマルクスが注目したのは、選挙を通じた議会において、経済的な階級の利益がまったく反映されなかった事実でした。

ケルゼンはこう述べている。《……人々はあたかも議会主義においても、民主主義的自由の理念が、そしてこの理念のみが破綻なく表現せられるかのような外観を喚起しようと欲した。この目的のために代表の擬制が役立つ。これはすなわち議会のみが国民の代表者であり、国民はその意思を議会においてのみ、また議会によってのみ発表することができるという思想である。しかも事実はこれに反し、議会主義原理はあらゆる憲法において例外なく、議員はその選挙人から何ら拘束的な指令を受取るべきではなく、従って、議会はその機能において国民から法律上独立しているものである、という規定と結合しているのである。まさにこの議会の国民に対する独立宣言をもって一般に初めて近代議会が成立するもので、議員が命令的委任（Imperative Mandate）（選挙人団の指図）に周知のように拘束せられ、これに責任を負っていた昔の身分代表集団と明らかに切り離される》（『デモクラシーの本質と価値』西島芳二訳、岩波文庫）。

（同書　482ページ註（29））

つまり、議会制民主主義は、「国会議員は全体の代表である」というフィクション（擬制）

で成り立っている。代表する者（代議員）と代表される者（市民）は、ブルジョア的議会制のなかでは、はじめから成り立たないフィクションなのです。

ほんとうに重要なことは、権利をゆずり渡せるのか否かです。そもそもゆずり渡すことができないものを「できる」とするのはフィクションにすぎないという根源的な問題です。

また、代議制と独裁制も、じつは原理的におなじことです。

たとえば国会議員が五百人いるとしましょう。それを人員削減で一人減らして四九九人とする。そのとき議会が民意を反映する場として成立しなくなるかといえば、そんなことはありません。では二人減らす、三人減らす…こういう操作をずっとくり返していけば、最後は一人でも五百人の場合と機能的には等価ということになります。そうすれば、その一人の人間に民意が反映されているというフィクションをつくることができるわけです。

だから、ナチスのフューラー（指導者）理念は、じつは民主主義的な手続きをくり返すことから演繹《えんえき》されています。

いい換えると、民主主義がなければナチズムは生まれなかったわけです。

言説が階級をつくる

このように「代表するもの」と「代表されるもの」の関係が、本来的に恣意的であるがゆえに、産業ブルジョアジー、その他の階級ももともとの「代表するもの」を見すてて、ボナパルトを選ぶということがありえたのである。一八四八年二月二四日に、諸党派は「代表するもの」、つまり言説の場における差異としてあらわれる。ところが、三年後に、ボナパルトがすべてを代表するものとして権力を握った。マルクスはこれを、ボナパルト自身の観念、政略、人格に帰することを拒絶する。そのような見方では、三年前にナポレオンの甥であるということのほか何者でもなかったボナパルトが権力を掌握する秘密を解くことはできない。

マルクスは『資本論』においていっている。貨幣が一商品であることを見ることはたやすいが、問題は、一商品がなぜいかにして貨幣となるかを明らかにすることだ、と。彼がボナパルトについていうのも同じことだ。

（同書　２２１－２２２ページ）

ボナパルトが権力を奪取したのは、この人の観念とか政略、人物とかいうものではなく、議会制民主主義においてボナパルティズムは必然的に生じる現象です。

ところで、代表制において重要なのは、じつは代表した者がどういう言説を唱えるかであって、ある階級の人々が集まったから政党ができる、ということではありません。圧倒的多数の勤労者を代表するような言説がある。その言説を既成政党が取り込んでいく。そうすると、結果としてその政党が勤労者の利害を代表していくことになる、というのがブルジョア民主主義の構成です。つまり、言説によって、代表する者と代表される者との関係が作られるのが代表制です。言説から階級が生まれてくる。それゆえ言説は、きわめて重要な役割をはたしているわけです。

分割地農民とフリーターを類比する

もう一つ、今のべたこととかかわって、たいへん重要なポイントがあります。それは、自分たちの利益を代表する者がいなければ、代表を必要とする集団は、その集団としての存在を表現することができないという事実です。

これを柄谷さんは、分割地農民についてのマルクスの言説を引用してのべています。分割地農民とは、もっとも社会的に抑圧されていた零細農民で、フランス革命のあと、土地の分配を受けて、小土地所有者として自立した農民です。フランスで最大の人口を占めていました。

普通選挙権を与えられたとき、かれらが票を投じたのはルイ・ボナパルトでした。つまり、かれらには自分たちの存在を表現し、その利益を代表する政党も候補者もいなかったため、結局、みずからの利益に反する人物に「代表」してもらうことになるわけです。

つぎのマルクスの指摘を、現代のフリーターの人たちにおき換えながら読んでみてください。

重要なのは、社会諸階級が「階級」としてあらわれるのは言説（代表するもの）によってのみだということである。マルクスは、自分たちの代表者も自らの階級的利害を普遍化して擁護する言説をもたず、それゆえ他の誰かに代表されなければならない階級の存在を指摘している。それは分割地農民である。

……分割地農民は一つの階級をなしている。かれらのあいだに単に地方的なつながりしかなく、利害の同一性はあってもそれがかれらのあいだになんらの共同もなんらの全国的結合もなんらの政治的組織もつくりだしていないかぎり、かれらは階級をなしていない。したがってかれらは、議会を通じてにしろ国民公会を通じてにしろ自分の階級の利害を自分の名において主張する能力をもたない。かれらは自分を代表することができず、〔だれかによって〕代表されねばならない。かれらの代表者は、かれらの代表者であると同時にかれらの主人として、かれらのうえにたつ権威として、あらわれねばならない。つまり、かれらを他の階級から保護し上のほうからかれらに雨と日光をおくる無制限な統治権力として、あらわれねばならない。(『ブリュメール一八日』同前)

(同書　223ページ)

フリーターの人たちは、インターネットで横に連絡をとりあって、あきらかにひとつの「階級」をなしている。いまの日本の労働力人口に占める非正規雇用の割合は、三人に一人以上で、年収二百万円以下のフリーアルバイターはどんどん増えていきます。このままでは家族の再生産もできない。結婚をして子どもをつくるという中長期的な労働力の再生産ができません。

にもかかわらず、フリーターの人たちはバラバラだから、階級を構成していない。自分たちの利害を、自分たちの名において主張する能力をもたなければ、政治的に無力な状態におかれてしまうわけです。労働者派遣法の改正にしても、資本が労働力商品を低い値段で買い続けられる政策であることはあきらかです。ところが、その階級的利害が言説化されておらず、したがって、フリーターを代表する党派も形成されないわけです。理論が必要、知的訓練が必要だと、くり返し私がいうのは、そのためです。

ファシズムは民主主義から生まれる

ボナパルトを縮小した類型が、かつての小泉純一郎さんであり、いまの安倍晋三首相であるといえるでしょう。格差社会に不満をもつ人びとが、まさにその格差を生み出す新自由主義者を選挙によって圧勝させてしまった。格差社会に苦しむ大衆を代表しない小泉さんが、うまい言説によって権力を獲得したわけです。

ところが、それを継承しようと生まれた第一次安倍内閣の安倍さんには政治理論的な裏づけがないから、脆《もろ》くも瓦解してしまった。小泉さんは新自由主義者で、新自由主義はつねに揺さぶり、つねになにかを動かします。つねに動いているからなかなか批判できません。ところが安倍さんは動員型ではないから、人々が冷静に考えはじめ、論理連関がわかってしまい人々は燃えない。つねになにかをつくり出して緊張感を醸《かも》しだすには、地下核実験はするしテポドンを飛ばす北朝鮮や、日本を小バカにする中国や韓国を利用しなければなりません。新自由主義者が政治権力を維持するには、いつもなにかを動員して騒然とした雰囲気づくりが必要です。

このような小泉政権や安倍政権の構造は、ファシズムも民主主義システムを通じて誕生したという事実とおなじ構造をもっています。柄谷さんは、生活苦に直面する階級がファシズムを支持することについて、つぎのようにいいます。

われわれは、二〇世紀においてファシズムの主要な基盤となったのがそのような階級であることを見ている。だが、そのことに関して重要なのはむしろ、労働者や農民を政治的舞台に立たせた、普通選挙による代表制民主主義である。たとえば、ヒトラー政権はワイマール体制の理想的な代表制の中から出現したし、さらに、しばしば無視されていることだが、日本の天皇制ファシズムも一九二五年に成立した普通選挙法の後に台頭しはじめたのである。一九三〇年代のドイツにおいて、マルクス主義者は、ヒトラーをたんにブルジョア経済の危機を救済する代理人として見、それを暴露すればよいと考えていた。ナチスと同様に、彼ら自身もワイマール議会を欺瞞的なものとして見ていた。しかし、彼らの予想に反して、大衆がナチズムに「代表」されていったことを、たんに暴力や策略だけから説明することはできない。そもそも共産党もまた「代表するもの」の一つであり、「代表されるもの」と必然的なつながりをもっていないのである。

（同書　224ページ）

ナチス・ドイツは選挙で政権を握ったわけです。おなじ頃ドイツ共産党も大きく票をのばしていました。国会放火事件で共産党メンバーは弾圧されていきますが、そもそもかれら自身も、農民や労働者階級の利害を代表する言説をもっていなかったし、「代表するもの」ではなかったのです。

「代表されるもの」との必然的なつながりをもたないという点では、日本の社会民主党はまさに典型です。労働者階級を代表しようとするその言説が、労働者階級に支持されない事態になっているわけです。代表制民主主義のシステムにおいては、言説という非物質的な条件が、きわめて大きな力をもちます。

従来のマルクス主義者は、こうした代表制民主主義の特質を十分に理解していませんでした。このことが、ファシズムや新自由主義の専横を許す結果となったわけです。

その一方で、社会主義国において共産党は大衆の支持によって権力をもちましたが、必ずしも大衆を代表していたわけではありません。

大衆の夢がファシズムを生みだす

それにしても、大衆が、みずからの階級的利害となんら関係のない得体の知れない存在に投票してしまう現象は、いったいなぜ起きるのでしょうか。現下日本にひきつけていえば、ニート・フリーターが、自分たちの生活を少しも良くしない政治家に投票してしまうのはなぜかということです。

人間には表象能力すなわちイメージをつくる能力があります。その想像力が、じっさいには自己の利益を反映しない人物であっても、それを反映してくれるという幻影をつくりだします。『ブリュメール一八日』でマルクスはこう指摘しています。要約すると、ナポレオンはかつて自分たち分割地農民に利益をもたらしてくれた。そこにルイ・ボナパルトという「ナポレオンの甥」を称する男が現れた。彼も叔父とおなじように、再び自分たちになにか〝おいしいもの〟をもたらしてくれるのではないかという「夢」が生まれた。その結果、選挙でルイ・ボナパルトに投票し、権力を与えてしまったと。

結果的には、ルイ・ボナパルトが権力の座にあったときほど、分割地農民が迫害に遭《あ》った時期はありませんでした。柄谷さんは、それを「階級的無意識」という概念で説明しています。これは、人間が行動する動機を洞察したケネス・バークの『動機の文法』にもとづいています。

それによれば、民主主義のシステムは人々の無意識の「夢」を動員して奇怪な政治状況を生みだす装置ともなっているわけです。心理学者のウィルヘルム・ライヒも、なぜ人々がナチスに投票したのかを精神分析によって解こうとしたのですが、あえて精神分析学を用いる必要はありません。すでにマルクスが、その民主主義批判のなかで、大衆が「夢」にもとづいて投票する事態を見抜いていたわけです。

ここでマルクスは、ほとんどフロイトの『夢判断』を先取りしているからである。彼は短期間に起こった「夢」のような事態を分析している。その場合、彼が強調するのは、「夢の思想」すなわち実際の階級的利害関係ではなく、「夢の仕事」すなわち、それら階級的無意識がいかにして圧縮・転移されていくかである。（中略）フロイトは「夢の仕事」を普通選挙による議会になぞらえている。そうであれば、われわれは、マルクスの分析に精神分析を導入したり適用したりするよりは、『ブリュメール一八日』から精神分析を読むべきなのだ。（同書224－225ページ）

二〇〇一年から二〇〇七年までの小泉—安倍政権、そして、二〇一二年末から続いている第二次安倍政権は、政治分析の対象というよりも「夢判断」の対象ではないかと思います。つまり、「階級的無意識」が現実の政治に現れてしまった、とみた方がわかりやすいと思います。

大衆の夢がより強く現れる大統領選と国民投票

大衆のみる夢が、「代表するもの」と「代表されるもの」の間に生みだすズレ。ただし、このズレのあり方は、議会選挙と大統領選挙とでは決定的に違います。

国民が直接投票する大統領選挙や国民投票の場合は、「階級的無意識」がより現れやすいということです。柄谷さんはそれを、大統領選のほうが議会より民主主義的であるからだ、といいます。これはきわめて重要な指摘です。

彼(マルクス)は代表制がそれ自体において二重的であることを指摘している。一つは、議会、つまり立法権力である。もう一方は大統領、つまり行政権力である。後者は直接国民の投票によって選ばれる。実際、ボナパルトは、共和党が選挙民を制限しようとしたのに対して普通選挙を唱えて、「国民の代表者」として人気を博し、また、のちにヒトラーがそうしたように幾度か国民投票に訴えたのである。

だが、議会と大統領との差異は、たんに選挙形態の差異ではない。カール・シュミットがいうように、議会制は、討論を通じての支配という意味において自由主義的であり、大統領は一般意志(ルソー)を代表するという意味において民主主義的である。

(同書 225-226ページ)

自由主義(オールドリベラリズム)と民主主義は、原理的に交わらないものです。なぜなら逆のベクトルを指向しているからです。くり返しますが、自由主義は愚行権を尊重します。

あくまでも私は私であり他者と通分するのはやめてくれ、という思想です。たいして民主主義は、人間は万人がみな等しく共通性をもつとして、通分（均等な個に分解）してしまうことになります。

ファシズムと民主主義は親和的です。しかし、自由主義はファシズムとは原理的に相容れません。

大統領制や国民投票は、多数の人間が支持する特定の言説に個々の差異を通分するシステムです。議会制もまた、代議員をえらぶさいには通分のシステムですが、議会内では少数意見を尊重します。多数決の前に徹底した議論をおこなうところに自由主義の考え方が含まれているわけです。安倍政権がおこなおうとしている憲法改正の〝国民投票〟も、この視点からみると、その意図がよくわかります。

政治学者のカール・シュミット（1888‐1985）は「独裁と自由主義は背反するが、民主主義と独裁は背反しない」と喝破し、投票は、いかにして国民の意思が「代表」されるかという形式であって、それは「拍手と喝采」による独裁でもおなじことだと語っています。

かつての学生運動で、全共闘が「異議なし！」と喝采して意志決定してきたのも、ファシズムと手法はおなじです。ファシズムは民主主義から生まれてくるという理解は重要です。ファシ

民主主義が多様性にたいして不寛容であり、ファシズム、官僚階級の専制を生み出す構造を

もっていることをしっかりとみておく必要があります。

この民主主義の性質そのものに、官僚階級の支配を生み出す原理がひそんでいるわけですが、じつは、そこにくさびを打ち込むことができる思想が自由主義なのです。

第3章　官僚階級のゲームのルール

官僚は一般意志を語る

ところで、官僚階級は選挙でえらばれるわけではないので、民主主義という政治システムとは無関係のように思えます。また、官僚の権限がどのようにして承認されているのかは一般にわかりにくい話です。これは、官僚階級が民主主義の諸制度が成立するずっと以前から存在しており、その存在を後付けで承認してきたからです。

柄谷さんはこの問題の根底に、フランスの哲学者ルソー（1712－1778）の「一般意志」をおいています。ギリシャの直接民主制を範としたルソーは、「個人意思の集合体である共同体の意思」にもとづいた理想的な国家を作ろうと提案しています。

この問題は、すでにルソーにおいて明確に出現していた。彼はイギリスにおける議会（代表制）を嘲笑的に批判していた。《主権は譲りわたされえない、これと同じ理由によって、主権は代表されえない。主権は本質上、一般意志のなかに存する。しかも、一般意志は決して代表されるものではない》。
（同書　226－227ページ）

ルソーの一般意志は、ある意味で直接民主制につながり、イギリスの議会主義のような代表制を批判しますが、もう一つきわめて危険な要素があります。

それは、一般意志をつかむのはだれか、という問題です。ルソーをはじめ一般意思の哲学ではそれは知的エリートです。

政治システムでいうエリートとはだれでしょうか。それはプロローグでのべたように、国家公務員試験や司法試験に合格した官僚のことです。たとえば、裁判が強制力をもつのは、司法官が一般意志を体現する能力があるとみなされているからです。

ですから、一般意志は官僚が大好きな言葉です。

知的エリートである官僚が、国民の意思すなわち「一般意思を体現する」と称して権力を掌握する。このように官僚制と一般意志を結びつけることに成功すると、官僚主義的独裁制に道を開くことになります。

ハイデガーの批判

それにたいして、ルソーの一般意思を批判した哲学者がハイデガーです。

ハイデガーはそれらを根源的に批判した。政治的に見れば、彼は大統領と議会のいずれをも否定したのである。彼によれば、真理は詩的思想家や指導者(フューラー)を通して、「存在」によって直接に開示さるべきものであった。たとえば、ハイデガーは、ヒトラーがやった国民投票において、それが代表を選ぶものではなくまたそうであってはならないと主張している。ハイデガーが主張したのは総統が国民投票によって選ばれるような「代表するもの」ではなく、人々が「主人」として拝跪《はいき》すべき「皇帝」でなければならないということである。

(同書　227-228ページ)

代表制では、「誰が一般意志を体現するかを投票で決める」という手続きが入っていますが、その根底にあるのは、「一般意志が何者かによって体現される」という考え方です。したがって、これを突きつめると、投票はたんなる手続きであって本質ではない。それは二の次の問題であって「この人」を通じて真理が開示されることが重要であるというハイデガーの論理につながっていきます。「この人」とは、国民の主人すなわち皇帝です。

しかし、現実には皇帝ひとりでなにができるのか。ここが重要なポイントです。じっさいには、皇帝ひとりではなにもできません。そうした極端な状況が民主主義制度によって生みだされてはじめて、その背後に潜んでいるものが現れてきます。それが官僚階級です。

官僚階級という寄生体

しかし、議会でも大統領でもない「皇帝」において、何があらわれたのか。それは「国家」そのものである、といってもよい。ブルジョア国家は絶対主義王権を打倒するところに成立するが、それまでの国家の「実体」——官僚と軍——を、法治主義と代表制によって隠蔽する。《巨大な官僚的軍事的組織をもち、広大にして精巧な国家機構をもつ執行権力、五十万の軍隊にならぶ五十万の官僚軍。網の目のごとくフランス社会の体にからみつき、すべての毛穴をふさぐ、このおそろしい寄生体。これは、絶対王政の時代に封建制の解体にともなって発生し、この解体の進行をたすけた》（マルクス『ブリュメール一八日』）。ブルジョア国家においては、ちょうど貨幣が商品の価値を表示する手段でしかないと見なされるように、官僚と軍は、国民を代表する機関に従属しているように見える。しかし、その危機においては、ちょうど恐慌において「貨幣」そのものが出現するように、「国家」そのものが出現する。　（同前　228-229ページ）

国家の実体は官僚です。軍人も官僚です。「国家の運営」とは、官僚が一般意志を体現しているというフィクションの上に立って、じっさいは官僚のやりたい放題にすることです。ボナパルトやヒトラーや小泉、安倍という対抗革命のなかにみなければならないのは、民主主義制度の裏側で、「われこそが一般意志を体現している」と思い込んで、恣意《しい》的な正義を行使しようとする官僚の存在です。ただしそれは、悪意をもって大衆をだましてやろうということではありません。

官僚を一つの集団としてみた場合、その本質は、社会状況とは無関係に、あらゆる手段を行使して税金を巻き上げ、自己の利益を確保しようとする階級だということです。しかも、この官僚階級は、民主主義の制度よりもずっと古くから生息する寄生体なのです。

大統領制や議会制のもとにおいては、投票によって信任された者が、官僚をつかって政治を行うようにみえます。しかし、歴史的な成り立ちからみれば、民主主義は官僚階級がみずからの専制を粉飾する装置だということです。

このような官僚支配は、いまの日本の政治状況のなかでもかなりあきらかになっています。

それだから、多くの政治家や政党が、官僚批判をパフォーマンスとして取り込んでいるわけです。郵政などの官僚をやり玉にあげて小泉劇場を演出した小泉元首相がその典型でしたが、小泉さんは、貧富の差を拡大させながら資本と国家の利益を最大化する新自由主義を押し進めてしまったわけです。

秘密投票のトリック

民主主義のシステムは、主権者である国民一人ひとりが一票を投じる選挙を通じて、国家とその官僚をコントロールしているかのように見せかけながら、じつはそのシステム自体が官僚支配を隠ぺいする装置です。

その構図は、資本の支配にもそっくりあてはまります。『トランスクリティーク』は、民主主義が、資本と国家とネーションを結びつける非常に興味深いからくりであることを暴いているのですが、そうした支配の関係がなぜ見えなくなっているのでしょうか。

これは一つのトリックのようなものです。封建制や絶対王政の時代の議会は身分制議会ですから、それぞれの階級が自分たちの利害を代表していることは明白です。それにたいして、普通選挙には階級関係をみえなくする、いわばトリックのタネがあります。マルクスは、このトリックのタネ明かしをしたうえで、それを「ブルジョア独裁」と表現しているのですが、多くの人は、この言葉の意味を誤解しています。

マルクスが、ブルジョア独裁をむしろ「普通選挙」において見ていることに注意すべきである。『ブリュメール一八日』の背景に、それがあったことはいうまでもない。では、普通選挙を特徴づけるものは何か。それはたんに、あらゆる階級の人々が選挙に参与するということだけにあるのではない。それと同時に、諸個人があらゆる階級・生産関係から「原理的に」切り離されるということにある。議会は封建制や絶対主義王権においても存在した。しかし、こうした身分制議会においては「代表するもの」と「代表されるもの」が必然的につながっている。真に代表議会制が成立するのは、普通選挙によってであり、さらに、無記名投票を採用した時点からである。秘密投票は、ひとが誰に投票したかを隠すことによって、人々を自由にする。しかし、同時に、それは誰かに投票したという証拠を消してしまう。そのとき、「代表するもの」と「代表されるもの」は根本的に切断され、恣意的な関係になる。したがって、秘密投票で選ばれた「代表するもの」は「代表されるもの」から拘束されない。いいかえれば、「代表するもの」は実際にはそうではないのに、万人を代表するかのように振舞うことができるし、またそうするのである。

「ブルジョア独裁」とは、ブルジョア階級が議会を通して支配するということではない。それは「階級」や「支配」の中にある個人を、「自由な」諸個人に還元することによって、それの階級関係や支配関係を消してしまうことだ。このような装置そのものが「ブルジョア独裁」なのである。（同書　230－231ページ）

ここが一番重要なところです。

社会の現実の階級関係は、基本的に労働者と資本家です。そして、圧倒的大多数は労働力を商品化している人たちです。労働者階級は自分の生活実感から「オレ達の利害を代表してくれる」と思う人に投票しようとする。これは無記名投票、すなわち秘密投票です。これによって、「代表されるもの」が「代表するもの」にもつはずの拘束をはずしてしまいます。これが議会制民主主義のトリックです。

「政治は自由な個人によっておこなわれる」という理念が、民主主義として正当化され、裏切られていることに気づきません。この「自由な個人」という耳ざわりのよい言説がクセモノで、じつは階級関係を「自由な個人」におき換えてみえなくしてしまう。そのシステムがブルジョア独裁、つまり議会制民主主義です。

ついでにいうと、労働者階級も資本家になれると錯覚させるものは、株式投資です。

労働者も株をもっていれば、または信託投資をすれば、その部分だけ資本家的な要素ができます。そこに、新自由主義においてもてはやされた自由な経済主体、消費者という考え方を導入すると、階級関係や支配関係を幻影としていっさい消し去ることができます。労働者階級などは大衆が投資のチャンスをもたなかった前時代の概念で、いまは誰もが部分的に資本家になれる、という錯覚がおきるわけです。

「自由な個人」がみえなくするブルジョア独裁

新自由主義は、市場への国家の介入に否定的なので、ブルジョア独裁の「独裁」という側面が緩《ゆる》んでいるかのように錯覚してしまいがちです。じつは、新自由主義は、「自由な個人」という表象を強めることによって階級意識を薄め、結果的にブルジョア独裁を強化しています。

さらにすすみましょう。つぎの分析のなかで、柄谷さんは官僚階級という言葉は使っていないものの、選挙でえらばれることのない国家官僚が選挙という見せかけの儀式をおこなっているだけだとして、みごとに官僚階級を浮き彫りにしています。

議会選挙において、諸個人の自由はある。しかし、それは現実の生産関係における階級関係が捨象されたところに成立するものである。実際、選挙の場を離れると、資本制企業の中に「民主主義」などありえない。つまり、経営者が社員の秘密選挙で選ばれるというようなことはない。また、国家の官僚が人々によって選挙されるということはない。人々が自由なのは、たんに政治的選挙において「代表するもの」を選ぶことだけである。そして、実際は、普通選挙とは、国家機構（軍・官僚）がすでに決定していることに「公共的合意」を与えるための手の込んだ儀式でしかない。（同書　231ページ）

これは基本的にはアナーキストの考え方ですが、情況分析としては正しいと思います。民主主義とはそういうものだと理解した上で、現実のシステムをどうひっくり返せるかが知恵の働かせどころです。柄谷さんはここから世界共和国へのアソシエーション運動を構想しています。

いまの資本主義システムはブルジョア独裁で、労働力を商品化する社会です。しかし、その克服をめざしたさまざまな構想も、ことごとく失敗しています。ソ連の実験は結局、収容所列島をつくりだした。ところが社会主義陣営でそうしたソ連的なものに否を唱えていた人たちも、人々の心をとらえることができず、中国の大躍進運動や文化大革命のように、おそらくは一千万人くらいの死者をだす大惨事をもたらした。

さらに、いま残っている異議申し立て運動では、中国やソ連を批判的に克服したはずのチュチェ思想やキューバの社会主義も、日本のわれわれに偏見が若干あるとしても、いまの日本のシステムよりもきっと「悪い」だろうと思えます。あるいは、もう一つの異議申し立てであるイスラム原理運動のアルカイダやタリバン、ＩＳにポコ・ハラム。これも標準的な日本人にとってはおそらくもっと「悪い」と感じられるでしょう。

ではいったいブルジョア独裁をどうすればよいのか。ここからはいわば神学的な問題になってくると私は考えています。

人間には原罪があるからこの世には悪いシステムしかない。そのなかで、終わりの日までより良いものを志向しつつどう生き延びていくのか、という倫理観になるわけです。それが私の基本的なスタンスです。

有識者がなすべき重要な仕事は、いまの世の中の地獄絵を描くことです。

われわれの社会は相当ひどい社会で、懸命に仕事をしても自分の受け取る給料は絶対に不当です。しかし、搾取しない資本家が良いならば、倒産した資本家が一番良心的ということになりますが、それでは給料が一円も出ません。

大切なのは、『資本論』や『トランスクリティーク』を読むことによって、われわれが生きている資本主義社会の内在論理とその限界がわかるということです。『資本論』が説いた労働力商品化を理解せずに現代世界を理解することはできません。

その上で、どのように制御できるかを考えていく。資本主義の枠内で、官僚階級の歩留まりをどのようにつくっていくのか。そのために公共圏における言説の質をどのように高めていくのか。これが私の考えていることです。

アソシエーションによる対抗

柄谷さんはむろんブルジョア独裁の「制御」ではなく、根本的な価値転換を考えています。パリコミューンでマルクスが想起したアソシエーション論を次のように読み解き、大きな可能性を見いだしています。

また、マルクスは主としてプルードン派によってなされたパリ・コンミューンについて、つぎのようにいっている。《もし連合した協同組合組織諸団体（united co-operative societies）が共同のプランにもとづいて全国的生産を調整し、かくてそれを諸団体のコントロール下におき、資本制生産の宿命である不断の無政府と周期的変動を終えさせるとすれば、諸君、それは共産主義、〝可能なる〟共産主義以外の何であろう》（『フランスの内乱』）。こうしたアソシエーションは、共同体と異なるだけでなく、国家集権的なものとも根本的に違っている。それはマルクスが「社会的」と呼んだものに対応するだろう。つまり、それはいったん共同体から出た者たちが結びつく形態なのだ。コミュニズムとは、資本制経済において貨幣との交換によって実現される「社会的」諸関係を、「自由で平等な生産者たちのアソシエーション」、さらに諸アソシエーションのグローバルなアソシエーションに転換しようとするものである。（同書 252－253ページ）

「社会的共同体」とは、国家に依存しないで、自分の意志で集まっている人たちのことです。それにたいして「共同体」は、出身地が一緒だとか、一族（血縁集団）のことで、コミュニティという言葉で表現されます。

パリコミューンで考えられたアソシエーションは、お互いの顔がみえて、誰がなにをやっているかがわかる規模でした。ここで今、われわれが考える問題は、顔がみえないくらいの大きな範囲において、アソシエーション主義や共産主義は可能なのかということです。

人間は、顔がみえなくなると、なぜか共感する能力が落ちます。遠くで苦しんでいる人よりも、自分の家にいるイグアナやセキセイインコの方が可愛いのは、人間がそういう動物だからです。おそらくそこを無視して組み立てようとしたところに共産主義の陥穽《かんせい》があったと思います。

＊ピエール・ジョセフ・プルードン（１８０９－１８６５）　フランスの社会思想家。職人労働者として出発し、国家機構によらず、生産者の協同組織の連合による協同社会を説いた。1871年3月、パリ市民が蜂起して樹立した労働者の自治政府パリコミューンでは、亡きプルードンの影響を受けたプルードン派とブランキ派などの内部対立、ドイツの支援を得たフランス政府の弾圧により、72日間で崩壊した。主著に『所有とは何か』『一革命家の告白』

第４章　偽装する官僚階級

エンゲルスの犯罪

マルクスは、労働力を商品化する資本主義システム克服の手段として、アナーキストたちによるアソシエーション運動に近い発想をしています。国家の介入を嫌うアソシエーション論の立場からいえば、社会主義と国家が結びつくことは考えられないことです。

ところが一般に、マルクス主義あるいは社会主義といえば、官僚による計画経済を実行する理論と理解されています。じつはそのような誤解は、『資本論』でエンゲルスがマルクスの原文（『資本論』第三巻のためのノート）にほどこした、ある改ざんに原因があります。つぎの二つの文脈を読み比べて下さい。

資本制的生産諸部門の内部では、［部門間の］均衡は不均衡から脱する不断のプロセスとしてしか自分を現わさない。というのは、そこでは、生産の［総社会的］関連は盲目的法則として生産当事者たちに作用し、彼らがアソシエイティドな知性〔悟性〕（associirter Verstand）として、その関連を彼らの共同のコントロールのもとに服属させていないからだ。

資本制的生産諸部門の内部では、個々の生産部門の均衡はたんに不均衡から脱する不断のプロセスとしてしか自分を現わさない。というのは、そこでは総生産の関連は盲目的法則として生産当事者たちの上に自分を強制し、彼らのアソシエイティドな知性〔悟性〕によって把握されそれによって支配された法則として、生産過程を彼らの共同のコントロールのもとに服属させていないからだ。（『資本論』第三巻第三篇第一五章第三節）

（同書　２７８ページ）

さきのマルクスの原文では、知性的主体である人間が共同で生産部門間の関連をコントロールするという考え方です。ところが、エンゲルスはこれを、共同的に生みだされた知性が生産過程をコントロールするとしています。コントロールの主体が、「人間」から「知性」へとすげかえられてしまったわけです。エンゲルスのいう共同的に生みだされた知性とは、知的エリート、具体的には国家官僚にならざるを得ません。このエンゲルスの改ざんが、のちにきわめて強い官僚支配による社会主義国家を生みだすことになったのです。

柄谷さんはこれをエンゲルスの「策謀」といいますが、これは意図的に改稿したというよりも、エンゲルス自身の関心から自《おの》ずとそうなってしまったという方が正確でしょう。

一八六四年に結成された第一インターナショナルには三つのグループがありました。一番小さいのはマルクス派、一番大きいのがラサール派で国家社会主義。いまでいう社会民主主義に近い。その中間くらいがプルードン派の無政府主義です。あきらかにエンゲルスは国家社会主義のラサール派に引きずられているわけです。

そもそもマルクスの『資本論』の論理構成のなかには、人間の知性（悟性）が資本をコントロールすることの限界が織り込まれている、したがって、知的エリート集団による資本の統制によって資本主義を克服する方向性は、マルクスの論理からでてくるはずがない。だから柄谷さんは、エンゲルスの改ざんを「犯罪的」といっているわけです。

エンゲルスのこの改ざんによって、社会主義運動は国家社会主義の方向へ進み、その後、社会主義以外でも知的エリート集団たる官僚階級が暴走する恐怖国家が続々と誕生してきました。その歴史は、私たちがみてきたとおりです。

富の再分配?

絶対主義王権から王様が去ったあと、近代国家はいわば、純然たる官僚の集団となったわけです。官僚機能は、後期資本主義においてこそ福祉などの側面が強調されますが、国家官僚の仕事をリストラしていくと、最後まで残るのはなにかといえば、徴税と軍事です。国民と企業から徴税して社会に還元するというのですが、じつは強奪と暴力が本質です。しかし、その本質は「富の再分配」という形態に隠され、あたかも、国家とその官僚こそが共同体の互酬関係（贈与と返礼）を維持しているかのように装われています。

本来、「贈与と返礼」という互酬交換（交換様式）は共同体内部でおこなわれるものです。これにたいして、ある共同体がべつの共同体を支配するときには「略取と再分配」になります。「お前たちを領民にして生かしてやるから年貢をさしだせ」といって、殿様が百姓からとりあげる。とりあげた年貢の一部を灌漑《かんがい》工事などの公共事業につかう。

商品交換が共同体と共同体の間にはじまるとは、何を意味するのか。第一に、それは共同体の中での「交換」とは異なるということである。共同体において、交換の原理は贈与―お返しの互酬性である。たとえば、現在商品経済が最も進んだ国においても、家族の内部に分業はあっても商品交換はない。そこでは「愛」と呼ばれる贈与の互酬性が働いている。第二に、それは共同体と共同体の間の接触において生じる暴力的な強奪とは異なるということである。この贈与と強奪は、商品経済以前において一般的なものであり、商品交換はたんに周縁的なものにとどまる。

カール・ポランニーは、市場経済以前の交換において、贈与の互酬性と再分配が主要であったといっている（『大転換』）。しかし、「再分配」とは本来強奪の一形態であって、継続的に強奪するためになされる。たとえば、封建領主は農村共同体の上にあって、農村共同体から生産物を強奪するが、それを持続するためには、奪いすぎてはならないし、農民を外敵から保護し、彼らにできないような灌漑その他の「公共的」事業を行わねばならない。だから、農民が年貢を納めることは、あたかも返礼または義務であるかのように表象される。すなわち、強奪は互酬性の形態を装うのである。この「再分配」の形態は、絶対主義王権国家や国民国家の形態においても本質的に変わらない。国家機構は取り上げた税を再分配することによって、階級対立を緩和し、あるいは失業問題を解決しようとする。だが、それもしばしば国家あるいは政治家による「贈与」として受けとめられる。
（同書　316－317ページ）

租税の根本も強奪であり、農民から年貢を収奪するのとおなじです。しかし、収奪という本質をごまかすために、あるいは「生―権力」として被支配階級を生かしておくために、つねに過剰な収奪をおこない、その一部を再分配する。じっさいには、収奪した大半を、官僚たちの恣意的な活動のために費消しています。それをあたかも国家が中立的なサービス機関として再分配機能をはたしているかのような表象をもたせ、みずからの正統性を権威づけているだけです。国家のやっているのは、要するにこういうことです。

＊カール・ポランニー（1886－1964）　ハンガリーのユダヤ人家庭に生まれる。経済人類学者としてアメリカで活躍。主著に『大転換』『人間の経済』など。

ここで、キーワードとなる交換様式について説明しておきましょう。柄谷さんは、社会構成体の歴史を三つの交換様式からみることを提示しています。

表1. 資本＝ネーション＝国家の構造

B　国家	A　ネーション
C　資本	D　X

表2. 交換様式による社会構成体と世界システムの諸段階

B′　略取と再分配（支配と保護） 社会構成体：専制国家、封建国家 世界システム：世界＝帝国	A′　互酬（贈与と返礼） 社会構成体：国家以前の氏族社会 世界システム：ミニ世界システム
C′　商品交換（貨幣と商品） 社会構成体：近代国家 世界システム：世界＝経済	D′　X（A～Cを越える） 世界システム：世界共和国

＊世界を成り立たせているシステムについて柄谷行人は、社会構成体（人間の活動とそれによって生じる関係の総体）の性格は交換様式AからCのうち、どれが優勢かで決まると提唱する。（表1は『トランスクリティーク』『帝国の構造』をもとに作成。表2はそれらをもとに佐藤が作成。『超したたか勉強術』より）

交換様式の類型　交換様式Aは「互酬交換」すなわち共同体内部の贈与―返礼。沖縄の久米島の人々の間には互いに贈与しあう交換様式Aシステムがある。ある共同体が別の共同体を征服し、そこから略奪するかたちが交換様式Bの「略取と再分配」。柄谷さんはこの関係に国家の起源を求めている。交換様式Cは「商品交換」で、すなわち資本主義経済、企業と労働者の関係にあたる。『資本論』でマルクスは、交換様式Cの「商品交換」に限定してそのからくりを書いた。四つめが交換様式D：Xの「アソシエーション」。これは国家や資本やネーションの交換原理とは違う、Aの互酬性の高次な回復である。「他者を手段としてのみならず目的として扱え」というカントの道徳法則にもとづく世界共和国は、この交換様式Dの原理でなければ達成されない。交換様式Bでやれば世界帝国になり別の帝国が対抗してくる。交換様式Cでは資本主義発展の結果として世界戦争がおきている。交換様式Dは、金の力や武力によるものではない「贈与の力」だと柄谷さんは語っている。交換という観点でみていくと、国家も資本もネーションも、それぞれ別の交換様式に根ざしており、なおかつ、それらは三位一体の構成をなし、互いに切り離すことができなくなっている。

社会民主主義の必要性

メディアでとりあげられる特殊法人への官僚の「天下り」や「渡り」、旧社会保険庁(年金機構)に代表される税のムダ遣いなどは、官僚階級が、国家を思うがままに操っていることを象徴する出来事です。こうした実態は程度の差はあれ、いかなる国家にも存在します。

柄谷さんにとっては、もともと資本の運動によって生じる利潤の上前をハネる官僚階級に資本を統制させようとする国家社会主義、社会民主主義という選択はあり得ないわけです。柄谷さんがめざしているのは、資本の運動と官僚階級の暴力の双方を同時に克服する、新しい社会関係であるアソシエーションです。しかもそれは一国レベルでなく、世界システムとして実現しなければ、資本主義と官僚の暴走を止めることはできない。

しかし今、官僚階級の暴力性にたいして喫緊の対応が迫られています。

絶対的貧困が顕在化し、不満と不安が拡大するなかで、官僚階級が干渉しやすい社会的状況が出現しています。日本でも拡大するヘイトスピーチなど、いま世界各地でファシズムへむかう危険性が増しています。これを阻止しなければ、ポスト資本主義などあり得ません。後期資本主義や社会民主主義を資本主義の粉飾にすぎないと批判するのではなく、これらの装置のメカニズムを熟知したうえで、ファシズムという最悪の衣を着た官僚階級の出現よりもまし、という選択が必要だと思います。

消費者は神様だ——不買運動

『トランスクリティーク』のなかで、資本の運動に抗するカウンターとして柄谷さんがイメージするのは、世界の各国各地域でボイコット運動なり消費者組合運動がおきて、それがしだいに波及して、他国にも体制変革を迫るというかたちです。

生産過程においてプロレタリアートが自立した主体になるというマルクス主義の通念を否定したのは、アントニオ・ネグリである。彼は『資本論』から『グリントリセ』に戻り、そこにプロレタリアートの主体性の契機を見出そうとした。私の言い方では、それは流通過程において、労働者が「買う立場」に立つということである。それは労働者が消費者として主体となるということにほかならない。生産と消費の「分離」は資本を成立させるが、それがまた資本の運動を停止させる契機となる。（同書　445ページ）

『資本論』の前にマルクスが挫折《ざせつ》した『経済学批判』という本があり、これを書くためのメモが『グリントリセ』です。

イタリアの政治学者アントニオ・ネグリは、労働者の自主管理運動の理論的指導者でした。労働者は生産の場では力が弱いが、消費の場において圧倒的大多数が協力して不買運動をすれば、巨大な資本を叩きつぶすことができる、という考え方です。たとえば、二〇〇〇年に食品偽装をおこした雪印食品がつぶれたのも、まさにこの不買運動です。

流通の場を拠点とした、内在的且つ超出的な対抗運動は、完全に合法的であり、非暴力的であり、いかなる資本主義＝ネーション＝ステートも手の出しようがない。『資本論』は、そのことに論理的根拠を与えている。それは、価値形態における非対称的関係（商品と貨幣）は、資本を生み出すが、同時にそこにそれを終息させる「トランスポジショナル」なモメントがあるということである。そして、それを活用することこそ、資本主義に対するトランスクリティークにほかならない。（同書　459ページ）

資本の弱点は、商品を買うとき、「消費者（労働者）は神様だ」ということ。不買運動は、モノを買わない行為を権力が処罰するわけにはいかないというところがポイントです。産業資本主義は「労働力の商品化」と、その労働力商品が生産した商品を労働者じしんに買わせるところに核心があるわけです。資本への対抗運動を、生産過程のみならず、消費・流通過程の場でやろうと考えている点が斬新《ざんしん》なところです。

＊アントニオ・ネグリ（１９３３－　）イタリアの哲学者、政治学者。党組織的な運動を批判し、カウンターカルチャーから武装闘争まで幅広く包摂した運動の理論的指導者。

第５章　国家と資本主義

さて、ここからが柄谷さんの結論です。『トランスクリティーク』のなかで一番難度の高い〈ヤマ〉です。岩波新書の『世界共和国へ』はその部分を敷衍《ふえん》したものですが、平易に書かれているようにみえるこの本も、じつは難解です。知的体力をつけるためにも、『トランスクリティーク』を読み解いていきましょう。

柄谷さんは、マルクスの資本主義分析から必然的に、流通過程において労働者が「消費者」としてたち現れること、そしてその階級的利害がアソシエーションを通じて資本に対抗しうることを示唆しています。

しかし、エンゲルスに改ざんされていない初期マルクスの理論にさかのぼって現代的な課題を引きだすのは、マルクス以降、今日までの資本主義の発展をあまりに軽視する時代錯誤ではないか、という疑念がだされます。これについて柄谷さんはつぎのように反論します。

よみがえる帝国主義

マルクスが帝国主義、株式会社（資本と経営の分離）、金融資本、ケインズ主義のような出来事について考察していないのは当然である。しかし、それらはマルクスが想到もしなかった新奇な事態だろうか。事実上、それらは「形式」としては産業資本主義の確立以前に存在したものである。たとえば、レーニンは、帝国主義を一九世紀末に資本の輸出に特徴づけられる金融資本の時代に始まると考えた。しかし、金融資本とは、貸付資本（銀行）が独占的な産業資本と癒着した形態であり、これは形式として重商主義段階にあったものだ。また、帝国主義は重商主義＝絶対主義王権の時代から存在した。それは古代・中世の「帝国」とは違って、すでに商品経済の原則にもとづいていた。イギリスの自由主義的帝国は、それ以前の重商主義的時代の帝国主義がもたらした成果の上に成立したのだ。そうであるならば、帝国主義段階を、自由主義段階の変質としてではなく、後者によって「抑圧されたものの回帰」として見るべきなのである。

（同書　410－411ページ）

「抑圧されたものの回帰」という言葉に注目しておいて下さい。後にまたでてきます。第三者的にみるならば、柄谷さんの考え方は一種の循環史観です。新自由主義的な制度が取り去られると、帝国主義が復活してくるというわけです。たしかにアメリカも、オバマ大統領のもとで新自由主義から軌道修正しました。そして、なにがでてきたかというと、今度は帝国主義が循環してでてきます。アメリカの選択しだいでは世界戦争に発展しかねないという、かつての帝国主義の時代に戻ろうとしているわけです。

ここでのポイントは、資本主義を直線的な発達史観とみることがそもそもまちがいで、資本の運動がゆきづまるたびに過去の政治形態が循環的によみがえり、資本主義が延命されるということです。資本制が続くかぎり、こうした循環がくり返されざるを得ないのです。

自由主義と帝国主義はくり返す

ところが、マルクス主義者自身が、資本主義の新しい現象に幻惑されて、マルクスの理論が古いと考えています。そのことを柄谷さんは批判します。

一九世紀末のマルクス主義者にとって、金融資本の支配、あるいは帝国主義が新奇な事態と見えたのは、マルクスが産業資本＝古典経済学の批判者であることを強調しつつも、実のところ、彼ら自身がそのイデオロギーに深く染まっていることに気づかなかったからである。産業資本主義の確立とともに、あるいは古典経済学的な思考とともに、それに先行する形式は深く抑圧された。産業資本のイデオロギー、たとえばウェーバーが「プロテスタンティズムの倫理と資本主義の精神」として肯定的に評価したイデオロギーは、今も生きている。だから、それに反したことが起これば、何か決定的な変化が起ったかのように表象される。近年の例でいえば、「カジノ資本主義」といわれる事態である。それは、人々が勤勉な生産とフェアな交換を忘れて「商人資本的」な投機に走り始めたということを意味するようである。しかし、それは資本主義の変質ではまったくない。（中略）資本にとって、剰余価値はどこから得られようと構わないのだ。

（同書　411－412ページ）

柄谷さんの指摘は的を射ています。新しい現象に対応して理論を検証するのは当然のことです。問題は、マルクスの理論がマルクス主義者に真に理解されていなかったということで、それだから情報化の進展などを「資本主義の性質の変化」などと認識する過ちをおかしてしまう。

ここで押さえたいのは、自由主義と帝国主義は、ブルジョア独裁の両極として、くり返し現れるということです。二〇〇〇年以降、世界を席巻している新自由主義にしても、十九世紀半ばのイギリスにあらわれた純粋な資本主義の反復にすぎません（ただし本当の「純粋な資本主義」は思考実験の世界にしかありませんが）。

こうした認識を欠くと、新自由主義による格差拡大と、恐慌のあとに登場するファシズムは「正しい」「新しい」と映り、ファシズムのあとに登場する新自由主義もまた新しくみえてしまうわけです。

後期資本主義

ところで、興味深いのは、柄谷さんの後期資本主義（福祉国家）にたいする考え方です。柄谷さんは後期資本主義を他の資本主義と区別することを拒否します。

資本制経済は一般に重商主義、自由主義、帝国主義、後期資本主義という歴史的段階によって区別される。しかし、そこで何か根本的な変化があったように考えるのはまちがっている。（中略）資本にとって剰余価値が「物」から得られようと「情報」から得られようと何の違いもない。産業資本の主要な領域が「情報産業」に移行しようと、資本の性質において何の変化もない。そもそも、サイバネティックスの創始者ロバート・ウィーナーによれば、情報とは物質ではないが、観念でもない。それは「差異」にほかならないのだ。

（同書　412－413ページ）

この柄谷さんの主張には、私は若干異論があります。

というのは、資本主義経済の発達段階のなかで、後期資本主義は福祉国家の要素をもっているからです。社会主義体制に対抗して、資本主義国家が剰余価値に一定の留保をし、社会福祉政策を強めるということです。

ところが、ソ連崩壊により社会主義という対抗システムが消滅すると、資本主義にとって脅威はなくなりました。すると多くの資本主義国が、たちまち後期資本主義体制、福祉国家政策から新自由主義政策を露骨にとるようになった。それが、今日の貧困問題と社会不安を招来させています。

この困難な現状の打開策として出現しつつあるのが、帝国主義的政策です。緊張を高めるウクライナ問題の背後にあるアメリカとロシア、中国の台頭など、すでに世界的な現象として表面化してきています。

それゆえ、新自由主義と帝国主義を反復する過酷な資本主義か、社会福祉政策を充実させる後期資本主義か、どちらの道をとるのか、その判断が非常に重要だと思っています。

後期資本主義へのコンセンサス

ところが、社会主義革命が起こるという恐怖がないところでは、資本は後期資本主義に関心をもちません。

そこで、いかにして社会福祉政策の方向に資本家、経営者の思考を向けていくのかが重大な課題となります。たとえば、イスラム原理主義のような資本にとっての脅威が日本の中でも強くなり、「俺も原理主義者になりたい」という人間が増えてくれれば後期資本主義になるかもしれません。

そういう対抗革命の恐怖が後期資本主義的政策をとらせるうえで効果的かもしれませんが、現実的に考えて、私が重要だと思うのは知的な操作です。スウェーデンやノルウェーなど、北欧諸国の比較的狭い範囲で実現している社会システムを、公共圏でのコンセンサスを得た上で、より広範に実現することです。

その方向を選択できればよいのですが、国際社会が新帝国主義の様相を色濃くしているいま、喫緊に必要なことは、国家と資本の暴走を抑え、戦争と排外主義、ファシズムへの道を閉ざすことです。その方法として、保守主義から抑えるのもいいし、社会民主主義から抑えるのもいい。とにかく個人的責任に帰せられない理由で家族の再生産もできず、人間として最低限の文化的な生活もできないような状況を一刻も早く改革することです。

そのためには大きな物語が必要です。

経営者層にたいして「後期資本主義の方向でいかないと日本の国家と資本主義システムが自滅する」という物語が必要だということです。市場が世界を統一するなどというグローバリゼーションは幻想で、必ず国旗のもとでしか資本は動けない。それを納得させれば、そんなに難しい問題ではないと思います。

後期資本主義にとどまるというコンセンサスが、国内では生活破壊、対外的には他国への侵略という事態を回避する現実的選択だと私は思っています。とはいえ、後期資本主義という形態も含めて、それがマルクス以降に登場したまったく新しい現象なのではないという柄谷さんの指摘は重要です。

資本＝ネーション＝国家　――資本の危機を救済する国家

現在でも金融政策をめぐって「国家は市場に介入しない」などと自由主義者たちはうそぶいてきたわけですが、ふたを開けてみれば、日本のバブル崩壊時も、リーマン・ショックでもアベノミクスでもあきらかなように、国家が救済者として現れています。過去にも、また未来においても、国家の手を借りない自由主義など存在しないということです。

これも新しい現象ではなく、資本主義が生みだす利潤に寄生する官僚階級が宿主を助けるのは当然で、歴史上くり返し現れる現象です。

ウォーラーステインの「近代世界システム論」は、世界経済を一国経済（国民経済）の総和において見る見方を否定した点で重要である。（中略）

資本制生産は重商主義的な国家の中で、その国家的投資と保護のなかで開始された。後発的資本主義国家（ドイツやフランスや日本）における、国家の経済的介入はいうまでもないことだが、イギリスにおいても、産業革命は世界的覇権をめざす国家の手厚い支援のもとになされている。

（同書　414ページ）

一見すると、国家からの分離を推進してきたようにみえるアメリカの規制緩和路線にしてもそうです。グローバリゼーションは、じつはアメリカ国家の手厚い保護のもとでおこなわれているわけです。米国がいう規制緩和とは、まさに国家による資本の運動への支援です。

柄谷さんは、これを「資本=ネーション=国家」のシステムとしてみています。この資本、国家、ネーションは、さきに説明したA、B、Cのそれぞれ異なる交換様式に根ざしており、互いに補完しあうように結合しているわけです。新自由主義によって資本が自由に動いた結果、経済格差が拡大し不満が増大すると、その亀裂をネーション（国民）が補います。

この資本=ネーション=国家は、一国の枠内で完結しているのではなく、多数の国家、社会構成体が連関しあう世界システムとして生じているのだから、一国だけの枠組みでそれらを廃棄させられるなどと考えてはいけないと注意を喚起しています。

> しかるに、自由主義者はその事実を隠蔽し、あたかも資本制経済が国家と別に発生し、自律的に存在できるかのように主張してきたのである。したがって、ウォーラーステインの「近代世界システム」という概念は、われわれの考えでは、絶対主義=重商主義的な国家—経済体制が近代の起点にあり、以後も本質的に変わっていないということを意味している。その内部において、民主的であり且つ産業資本主義的であろうと、諸国家は根本的に絶対主義的=重商主義的なのだ。「自由主義」もその一形態であって、覇権

的国家がとる経済政策にほかならない。

マルクスは『資本論』において国家を括弧に入れている。しかし、それは国家を無視することではない。

（同書　414－415ページ）

これは重要な指摘です。国家を一度カッコに入れないと社会システムの循環がわからない。だからマルクスは、方法論的にいったんはずしたということです。

第1部から紆余曲折《うよきょくせつ》を経てここまで読まれた読者には、すでにそのカッコははずれていると思います。マルクスがカッコに入れたまさにその場所に、官僚階級が棲息《せいそく》しているわけです。次章では、いよいよ柄谷さんがカッコの中から国家をあぶりだします。

＊エマニュエル・ウォーラーステイン（1930－　）アメリカの社会学者。『史的システムとしての資本主義』のなかで資本主義を歴史システムとして分析、15世紀末の西ヨーロッパに発して今日につながる世界システムとなったとした。

第6章　カッコの中から国家をあぶり出す

絶対主義王権から生まれた双子

柄谷さんは、『資本論』ではカッコに入れられていたマルクスの国家論を再現するにあたって、マルクスがとった手続きをきちんと踏襲します。その手続きとは、産業資本主義が成立する以前に立ち返って考察することです。

> 『資本論』の時期に、マルクスが国家をどのように見ていたか。そのことは、『資本論』の中から片言隻句をかき集めることによってではなく、また、初期・中期の国家論に依拠することによってでもなく、われわれ自身が『資本論』の方法で国家を考察することによってしかわからない。マルクスは資本制経済について考えるために自由主義から重商主義に、産業資本から商人資本に遡行した。同様に、国家について考えるためには、われわれはブルジョア的法治国家以前に遡行しなければならないのである。
>
> （同書　415-416ページ）

マルクスは、商人資本が超過利潤を生みだす形式に着目して、そこにこそ資本主義を読み解くカギがあるという。その商人資本が生みだす利潤を最大限活用したのが、重商主義の国家でした。つまり、絶対主義王権です。専制国家こそが資本主義のゆりかごだったわけです。

われわれが遡るべきなのは、近世の絶対主義王権国家である。絶対主義王権においては、経済と国家が結びつくといわれる。しかし、実はそこで、それらがはじめて分離されたのである。封建国家において、これらは同じものであった。この分離＝結合は、具体的にいえば、絶対主義王権が一方で商人ブルジョアジーの活動を支えると同時に、そこから税源を確保するということである。それが経済政策として「重商主義」であり、それはまた当時の国際貿易の決済手段としての世界貨幣（金）に依存するかぎり、「重金主義」であった。絶対主義王権は、封建的な「経済外的強制」を撤廃し、多数の並び立つ封建諸侯を制してその封建的領有権を私有権に変えた。また、貨幣貢納制を通して農業共同体に商品経済を強要することによって、封建制経済のブルジョア的再編成を促進した。この過程がいわゆる「原始的蓄積」であり、それが世界資本主義の中での諸国家間の競争によってなされたことはいうまでもない。

（同書　416ページ）

十六世紀に形成される絶対主義王権の経済政策は、国家がスポンサーとなって商工業を育成し、貿易を振興する重商主義です。資本の運動によってもたらされる富から税金を巻き上げる政策であり、それを遂行する官僚階級が膨張してきます。

それ以前の封建制における貢納は、目にみえる生産物を、領主が領民から暴力によって巻き上げていたわけですが、絶対王権の君主が庇護《ひご》する重商主義においては、資本の生みだす超過利潤は、農業生産にくらべて圧倒的に大きな利益をもたらします。とはいえ、その搾取のプロセスは目にみえにくい。これを把握できる知的エリート層が、国家機構のなかで重要な役割をはたすこととなり、また、軍事外交戦略も、商業資本の活動をめぐる利権が前提となるわけですから、より高度なインテリジェンスが要求されます。

こうして重商主義政策をとる絶対君主のもとに、毛穴という毛穴を塞《ふさ》ぐ官僚階級が肥大化する素地が生まれます。近代の官僚階級と資本主義は、分かち難い双子として誕生してきたわけです。

抑圧されたものの回帰——王はギロチンにかかったが絶対主義の王座は今もある

現代のわれわれにとっては、王様が登場する絶対的王権というものは映画やゲームにしか登場しない古めかしいもののようにイメージされています。ですが、権力を濫用《らんよう》するのに王様が必要かと問われれば、とくに必要ではありません。王様のいない近代国家においてヒトラーやボナパルトが登場してきたことを思いだしてください。

ブルジョア的民主国家においては、国民が主権者であり、政府がその代表であるとされている。絶対主義的王＝主権者などは、すでに嘲笑すべき観念である。しかし、ワイマール体制において考えたカール・シュミットは、国家の内部において考えるかぎり、主権者は不可視であるが、例外状況（戦争）において、決断者としての主権者が露出するのだといっている（『政治神学』）。シュミットはのちにこの理論によって、決断する主権者としてのヒトラーを正当化したのだが、それは単純に否定できない問題をはらんでいる。たとえば、マルクスは、絶対主義王権の名残をとどめた王政を倒した一八四八年の革命のあとに、ルイ・ボナパルトが決断する主権者としてあらわれた過程を分析している。マルクスが『ブリュメール一八日』で明らかにしたのは、代表制議会や資本制経済の危機において、「国家そのもの」が出現するということである。皇帝やヒューラーや天皇はその「人格的担い手」であり、「抑圧されたもの（絶対主義王権）の回帰」にほかならない。

（同書　417－418ページ）

「抑圧されたものの回帰」とはフロイトを援用しての指摘です。

さきに民主主義システムの欺瞞についてのべたように、ブルジョア的民主国家は、専制を完全に排除しているのではありません。制度としての専制を「抑圧」しているだけです。抑え込んでいた蓋《ふた》を開ければ、専制への回帰は可能なわけです。恐慌など自由主義経済の危機のあとには、とくにそうした可能性が強くなります。

また、そのような専制が人々の心を動かす「人格」として登場してきた場合、ボナパルトやヒトラー、あるいはスケールは小さいですが、小泉元総理や安倍総理が普通選挙によって権力の座についたように、専制君主が復活することもありえます。官僚階級が国家の専制を欲し、そこに「国家の専制が国民の幸せ」と思わせることのできる「人格」が供給されれば、十分に可能です。

ここで注意してほしいのは、たとえ「人格」として君主のようなものが供給されたとしても、それは、資本の運動によって国家が利益を吸収する、という構造があっての話だということです。官僚階級が、みずからの階級的利益を追求するとき、近代国家もまた王のいない専制として機能するということを認識しておく必要があります。

絶対主義王権においては、王が主権者であった。しかし、この王はすでに封建的な王と違っている。実際は、絶対主義的王権において、王は主権者という場（ポジション）に立っただけなのだ。（中略）民主主義的なイデオローグによって絶対主義的王権は否定された。しかし、絶対主義的王権が消えても、その場所は空所として残るのである。ブルジョア革命は、王をギロチンにかけたが、この場所を消していない。通常の状態、あるいは国内的には、それは見えない。しかし、例外状況、すなわち恐慌や戦争において、それが露呈するのだ。（同書　418ページ）

現在、世界経済は閉塞状況に陥り、自国の経済危機を打開するため、ロシア・中国・アメリカ・そしてEUが群雄割拠して権益を拡張するチャンスをうかがっています。日本国内においても、経済的な危機が水面下で進行しています。この状況で空所となっている「王権」がどのように埋められようとしているのか、国内の問題としてのみならず、アメリカ、ロシア、中国など他の国家の動向を含めて注視していかなければなりません。

それにもまして、血みどろの王様を求めてしまう情動が人々に浸透する前に、貧困問題をもたらしている資本の暴走に歯止めをかけることが必要です。

新自由主義か、専制かという極端から極端へと迷走する国家ではなく、手厚い社会福祉国家である後期資本主義の枠組みに踏みとどまらせるビジョンが不可欠です。

主権在民？

さて、つぎに読むところで、柄谷さんは官僚階級について言及しています。

ブルジョア民主主義国家とはそもそも官僚による市民支配のシステムである、と柄谷さんは指摘します。すなわち、民主主義は官僚の支配をあたかも市民がおのずから選択したかのようにみせかける手続きにしか過ぎない――これは極論のように聞こえますが、近代国家の理解としてはまったく正しいと思います。

> 立憲君主制以後の思想家、ロックやヒュームは、国家を政府、つまり、議会を通して人民によって選ばれた政府と同一視している。それは古典派経済学が、貨幣を商品にふくまれる労働価値に還元したのと類似している。しかし、古典経済学者が貨幣をたんに各商品に内在する価値の表示手段とみなそうと、民主主義者が主権者を国民の代表としてみなそうと、例外的な危機的状況――恐慌あるいは戦争――においては、貨幣あるいは主権者が露出するのである
>
> （同書　420ページ）

ロック（1632－1704）やヒューム（1711－1776）の啓蒙主義にもとづいて考えられた国家論は、「議会を通じて理性が国家を支配する」という図式です。ところが、恐

慌や戦争という危機のもとでは、それが幻想であることが露呈してしまう。貨幣も、平時には商品に含まれる価値を標準化する道具にすぎないし、理論的にはそうであることが安定した経済活動にとって重要なわけですが、いったん危機的状況になれば、リスク回避と称して金の価格があがります。つまり貨幣を裏打ちするのは最終的には金だということで、重金主義へと回帰するわけです。

国家もおなじで、危機となれば官僚階級の意思が前面におしだされます。主権者が人民でなく、じつは国家であることが露呈するわけです。リーマン・ショックの金融危機での国家介入はまさにその最たるものですし、そうした国家の介入が歓迎されます。国家の介入が歓迎されるムードが昂《こう》じれば、人民によってえらばれているのではない官僚階級の支配がせりだしてくることになります。

このような、官僚階級支配が議会制民主主義を通じて強化されるという国家観を、ヘーゲルはみごとに表現していました。

ヘーゲルによれば、議会の使命とは、市民社会の合意を得るとともに、市民社会を政治的に陶冶し、人々の国政への知識と尊重を強化することにある。（中略）普通選挙とともに、人民主権という考えが定着する。しかし、その人民とはすでに国家によって

> 「陶冶」された国民なのである。シュティルナーがいったように、そこでは各人は主権者（エゴイスト）ではありえない。立憲君主制であろうと、共和制であろうと、議会制民主主義を、個々の市民の意見が代表される過程と見るのは幻想である。**それは、実質的に、官僚あるいはそれに類する者たちが立案したことを、国民が自分で決めたかのように思い込むようにする手続きである。そのことは、たとえ社会民主主義の政府であっても変わらないどころか、むしろそれ以上に、官僚あるいはそれに類する者の立案にもとづくことになる。**（太字は佐藤による強調）
> （同書　422ページ）

資本主義経済システムと民主主義の政治システムは、どちらも近代が生みだしたものです。官僚階級の支配は、それら近代が生みだした制度に深く根ざす問題であることをしっかりと認識しておくことが重要です。

ですから、俗にいわれるような「永田町（政治家）と霞が関（官僚）の対決」という図式で、なにか事の本質がわかるわけではありません。議会こそが、官僚支配の基盤だからです。

「霞が関批判」「族議員批判」といった表層的な言説にとどまらず、資本主義の延命を本質とする近代民主主義国家が、議会やその他の手段を通じてどのように公共圏に介入しているのか、直面する危機のなかでその暴力性を露呈させてくるのかどうかを注意深くみておかかねばなりません。

　柄谷さんの考え方にもとづくと、こうした国家そのものの打破を焦点としているので、民主主義がフィクションである性質は社会民主主義であっても変わらない、ということになります。

　しかし、くり返しますが、ファシズムであるか社会民主主義であるかは、現実に国民の生きる条件としては決定的に違います。ブルジョア民主主義を超えたところにある世界共和国を模索することは重要です。けれども、ファシズムか、新自由主義かという極端な政治・経済システムへの暴走を阻止するうえで、当面の選択肢として社会民主主義はより切実な目標だ、と私は思います。

　そのためには、官僚自身に柄谷さんの理論などをしっかりと勉強させ、みずからの階級的位置や行動が、いかなる歴史的文脈にあるかを理解させ、資本と国家双方の暴力性にたいして官僚が極めて大きな影響力をもっていることを認識させることが必要です。

第7章　資本と国家とネーション　官僚階級の外面

資本と国家、すなわち資本家と官僚階級が対になって形成される資本制（資本＝国家）は、資本の運動によってその形態を、ときには帝国主義、新自由主義、ときには社会民主主義へと姿を変えながら資本主義システムの延命をはかっていきます。

しかし、その姿が、たとえばファシズムのような最悪の形態をとるのはなぜでしょうか。それを解くためには、国家が他の国家と関係する次元において考える必要があります。いわば、官僚階級の外面《そとづら》です。

あらゆる国家は他国にたいし覇権主義的

『資本論』以前の初期マルクスの視座は、資本と国家の関係をとらえることに成功していたわけですが、国家の外面、すなわち国家が外部の国にたいしてどのようにふるまうか、ということをカッコに入れていました。

柄谷さんは、その頃のマルクスが、一国内における市民社会の問題にのみ焦点をあてたことの限界を指摘します。

この時期、マルクスは、国家を他の国家を前提することなしに考えていた。そのため、国家が市民社会に還元されない自律性をもつことを見ていない。実際、マルクスはヘーゲルの『法権利の哲学』を批判したとき、ヘーゲルが指摘した或る重要な一点を見落としている。それは、国家（主権者）は、むしろ外的に他の国家に対して存在するということである。（中略）

絶対主義国家が世界資本主義において他の国家との競合の中にあらわれたように、現在においても、国家はその内部でいかに社会民主的であろうと、外部に対しては覇権主義的である。

（同書　423－425ページ）

ある国家が、「内部でいかに社会民主的であろうと外部にたいしては覇権《はけん》主義的である」

と柄谷さんが語るのは、原理的にはその通りです。社会福祉はその国の国民を基本にするわけで、タックスペイヤーにしか与えないのは外部にたいして閉じているからです。福祉の対象は「人間」という抽象概念ではありません、「国民」です。

ただし、外部にたいしての覇権主義は、これも基本的に程度の問題で、やはりファシズムと社会民主主義は違います。排外主義的なシンボル操作を積極的にするかしないかは根元的にちがうと思います。たとえば、日本に住む外国人を福祉施策において差別することと、暴力的な排外主義は、原理的にはおなじでも、人間のじっさいの生活に対して与えるダメージはまったく違います。

柄谷さんの指摘のように、資本＝国家の結託関係そのものを一国内で乗り越えることはできませんが、差別を解消する上では、資本主義の枠内において、また現下日本の国家を排外主義に走らせないことも、現実においてはきわめて重要なことです。

国家とは日本を含め多民族国家です。そうすると、ひとつの民族がひとつの領域を政治的に支配することで、その領域にいる別の民族は排除されるということになります。だからナショナリズムというものは、その本質において敵を作る論理だということになります。

ナショナリズムの運動があってナショナリズムの思想が生じ、ネーション（民族）や国民国家が生まれてきます。

ネーション(民族)は文学から生まれた

ところでネーションとはなんでしょうか。

ネーションという言葉の由来はラテン語の「ナチオ」で「出生」や「産地」を意味します。そして、民族と国家が一致して国民となるという発想は、近代、フランス革命以降に広まりました。ベネディクト・アンダーソンは、「国民は一つの共同体として想像される」といいます。彼は、世俗語で書かれた小説の出版（出版資本主義）によって、「われわれ」というナショナリズムが生じたと考察します。そうしてでき上がったのが、国民国家（ネーションステート）です。

とはいえ、「国民なんてものは想像上の産物にすぎない」といってすませられる話ではありません。なぜなら人は、国のために、ネーションのために命を投げだすからです。柄谷さんも、「ナショナリズムなんてものは幻想だ」として脱構築をめざす多くの知識人の「啓蒙主義」には限界があると語ります。

「ネーションは幻想だ」といったところでネーションがなくなるわけではありません。もちろん、ネーションが虚構であるという視点を知識人がもたないと、それこそ「日本を取り戻す」とか「美しい国」のような非論理的なものに呑《の》み込まれてしまいますが。

> ネーションが表象として、教育や文学によって強化されることは確かである。だが、それはたんに表象によって存在するのではないし、表象の批判によって解消できるものではない。マルクスは宗教を啓蒙的に批判した知識人たちに対して、宗教を必要とする「現実」があること、それを解消しないかぎり、宗教を解消することはできないと述べた。

同様に、知識人がどう軽侮しようと、ネーションもそれを必要とする「現実」があるのだといわねばならない。

（同書　426－427ページ）

宗教には、宗教を必要とする実生活上の要請があるように、ネーションにはそれを必要とする現実がやはりあります。だから、ナショナリズムについて、そこには予期せぬ危険性があり、排外主義に陥らないように知識人がよほど注意して警鐘を鳴らさないと、すぐに嫌韓流みたいなナショナリズムになってしまいます。

知識人は「ナショナリズムはいかがわしい」と思って基本的に嫌いです。嫌いだけれども、そういう大きな物語が実態として影響力をもつ現実があるなかで、ナショナリズムにどう対処していくかが要請されているわけです。

ヨーロッパの歴史をみると、キリスト教の影響が強かった時代、カトリック教会が強かった時代には、「国のために死ぬ」という発想が全体で共有されることはありませんでした。国家に雇われている官僚や傭兵が国のために死ぬことはありましたが、農民はそういう状況になると基本的に逃げます。教会の神父たちも逃げます。つまり、宗教が世俗化するとナショナリズムになる、ということがみえてきます。宗教が衰退するプロセスにおいて、本来宗教的権威をもたない「国家」が、非常に宗教性を帯びて、そこから「国のために死ぬ」という発想がでてくるのではないか、ということです。

＊ベネディクト・アンダーソン（1936年－）『想像の共同体』の中でアンダーソンは、18世紀のヨーロッパで、世俗語で書かれた小説と新聞が、人々に「国民を想像させる」メディアに成長するとのべている。出版資本主義の成立によって大量に印刷され、多くの人に読まれるようになった小説の登場人物、新聞で伝えられる事件を通じて、読者は生涯で会うことがないであろう他人も〝同胞として同じ共同体で暮している〟と想像することが可能になったと考察している。

国家と資本の結託

結論を先取りすると、本来異質なものであった資本と国家を蝶番《ちょうつがい》のように結びつけるものがネーション（民族）です。ナショナリズムは、資本家と官僚階級が結託する資本制において不可欠のものです。

なぜ不可欠なのか。柄谷さんは、ネーションの根にある生活の現実を「互酬関係」だといいます。互酬とは、贈与と返礼。家族のような、目にみえる支えあいを手がかりとして、共同体の意識が形成され、拡張されます。

封建時代のヨーロッパでいえば、ネーションは互酬による農業共同体です。ところが市場ができ、都市が成立し、貨幣経済が浸透していく過程で、商人と結託した絶対主義王権が封建貴族を打倒して、封建領主がとっていた地代を、国税とする。

ここで必要になってくるのが、徴税役人（税務官僚）と軍隊（軍事官僚）です。互酬関係の切れ目に国家が介入し、資本と国家による支配が確立されていくのですが、他方では、「王の臣民」あるいは「国民」というかたちのナショナル・アイデンティティを通じて互酬性を回復する。ネーションが蝶番の役割をはたす、と私がいうのはその意味です。日本でいえば「日本人の和の精神」がもちだされるわけです。それによって正当化されるのは、国家です。

それ（＊編註　ネーション）は貨幣による商品交換とは異なった互酬的な「交換」関係に根ざしている。したがって、貨幣と同様に、ネーションはたんなる幻想ではない、超越論的な仮象であるといってよい。

ベネディクト・アンダーソンは、ネーション＝ステートが、本来異質であるネーションとステートの「結婚」であったといっている。これは大事な指摘であるが、その前に、やはり根本的に異質な二つのものの「結婚」があったことを忘れてはならない。国家と資本の「結婚」、である。国家、資本、ネーションは、封建時代においては、明瞭に区別されていた。すなわち、封建国家（領主、王、皇帝）、都市、そして、農業共同体である。それらは、異なった「交換」の原理にもとづいていた。すでに述べたように、第一に国家は、収奪と再配分としての交換の原理にもとづく。第二に、そのような国家機構によって支配され、相互に孤立した農業共同体は、その内部においては自律的であり、相互扶助的、互酬的交換を原理にしている。第三に、そうした共同体と共同体の「間」に、市場、すなわち都市が成立する。それは相互的合意による貨幣的交換である。封建的体制を崩壊させたのは、この資本主義的市場経済の浸透である。一方で、それはすでに述べたように、絶対主義的王権国家を生み出す。それは、商人階級と結託し、多数の封建国家（貴族）を倒すことによって暴力を独占し、封建的支配（経済外的支配）を廃棄する。それこそ、国家と資本の「結婚」である。

そこでは、封建地代は国税となり、官僚と常備軍が国家的な装置となる。絶対主義の王権の下で、それまで様々な部族や身分にあった人々は、すべて王の臣民となることで、のちの国民的同一性の基盤を築く。

（同書　427－428ページ）

ネーションは宗教の代替物

資本の力によって暴力を独占した国家は、その支配圏内の人間を「国民」に囲い込みますが、じつは、その「国民」は、もともと多様な互酬共同体の寄せ集めです。
農業共同体が、貨幣経済の浸透によって解体されていくプロセスと、互酬関係にはない人々の集団が、あたかも互酬関係で結ばれているような幻想がばらまかれるプロセスが、同時に進行するわけです。

商人資本（ブルジョアジー）は、この絶対主義的王権国家のなかで成長し、また、統一的な市場形成のために国民の同一性を形成した、ということができる。しかし、それだけでは、ナショナリズムの感情的基盤はできない。ネーションの基盤には、市場経済の浸透とともに、また、都市的な啓蒙主義とともに、解体されていった農業共同体がある。それまで、自律的で自給自足的であった各農業共同体は、貨幣経済の浸透によって解体されるとともに、その共同性（相互扶助や互酬制）を、ネーション（民族）の中に想像的に回復するわけである。

（同書　428ページ）

失われた互酬性は「民族」という物語によって回復されていく。宗教が衰退するにつれて代替宗教としての位置をネーションが占めるようになります。したがって、ネーションのために死ぬことが宗教的表象を帯びてきます。

アベノミクスによって国家が資本の自由な運動を奨励し、貧困に苦しむ国民が増大するなかで、歴史修正主義者がはたす役割もみえてきます。すなわち、「誇りある日本を取り戻す」「あの戦争は侵略戦争ではなかった」などといって国民を統合しようする構造です。

「政治的に中立な追悼施設」はナショナリズムを強化する

この構造さえわかれば、靖国神社に代わって宗教的に中立な追悼施設をつくろう、という発想は絶対にでてこないはずです。宗教的に中立な施設をつくった瞬間に、それは宗教性をもちます。しかもそれは、国家と一体化した宗教性です。現実的に考えた場合、靖国神社を撤廃して中立の追悼施設などをつくろうものなら、かんたんに国民の排外主義を強めることができるようになります。

客観的にみた場合、国民全体を糾合できていない靖国神社は、結果として、中国と日本、アメリカと日本、韓国と日本それぞれのナショナリズムがぶつかることを避けるための緩衝材の機能を果たしているわけです。突き放してみると結果的にそうなっています。だから倫理的反戦者としてみた場合、靖国神社のそうした機能主義的なとらえ方が必要だと思いますが、なぜか、リベラル派や左派の知識人からそのような考え方はでてきません。

特定宗教がナショナリズムを代弁することが問題なのではなく、国家と資本が人々を国民として囲い込む言説は、そもそも宗教性を帯びざるを得ないことが問題なのです。こういう論理展開が読み切れるかどうかです。宗教的に中立な戦没者追悼施設は、官僚階級にナショナリズム動員のための、より便利なツールを与えるだけです。

資本の自由な運動がもたらす最悪のシナリオは、排外主義的な差別・選別、攻撃、紛争、戦争です。その根本にあるのは、暴力によって局面を打開したいという資本の衝動と、ナショナリズムというエネルギーを取り込んだ国家、その三つの結託です。ほんとうに恐ろしいのは、国家としての暴力を組織し行使しうる官僚階級であって、粗野なスローガンを喚《わめ》きちらす排外主義者ではありません。

第8章　資本＝ネーション＝国家の脱構築

いよいよ本章で最後になります。

がっちりと編みこまれた資本＝ネーション＝国家の関係をいかに脱構築するのかが、柄谷さんの理論でもっとも重要な実践的課題ということになります。

この実践的な部分で、私と柄谷さんの考え方は違いますが、それは方法論の違いというより、問題とする時間的スパンが異なるだけといっていいかも知れません。

柄谷さんにとっては、ファシズムであれ社会民主主義であれ、ターゲットは資本制の先にあります。私がターゲットとするのは、資本制の現実のなかで、資本の運動が最悪のシナリオに帰結しないためにはなにをすべきか、というところです。だからこそ、資本制＝ネーションＩステートの中でも暴力、収奪、再分配を行使する官僚階級のありかたが気になるわけです。

資本における自由、国家における平等、民族における友愛

まず資本＝国家＝ネーションが、どのように相互に補完しあっているのかについて、基本的な理解をおさえておきましょう。

〈自由、平等、友愛〉という近代の理念は、それぞれに資本、国家、ネーションを代弁する理念ですが、じつは、これらの理念は相互に矛盾します。しかし、資本と国家とネーションは、まさにこの相対立する理念をもつがゆえに、互いを補完しあいます。

アンダーソンは、個体の死を意味づけた宗教が衰退した後に、ネーションがその代理をはたすと指摘しているが、その場合、宗教が具体的に農業共同体としてあったことが

重要である。宗教の衰退とは、共同体の衰退と同じことを指す。というのは、宗教は「プロテスタンティズム」のような近代宗教のかたちでは、衰退していないし、むしろ発展しているからである。

ネーションは、悟性的な(ホッブズ的)国家と違って、農業共同体に根ざす相互扶助的「感情」に基盤をおいている。そして、それは農業共同体がそうであるように、他のネーションに対して排他的である。しかし、このようにいうことはたんにナショナリズムを感情から説明するものではなく、交換関係から説明するものである。たとえば、ニーチェは、ドイツ語で、罪の意識(Schuld)が経済的な負債(Schuld)に由来するといっている。その場合、この負債は、ひとが贈与に対して負うような負い目である。いいかえれば、この種の感情の根底には交換関係がひそんでいる。(中略)

たとえば、フランス革命で、「自由、平等、友愛」というスローガンが唱えられた。その場合、「平等」は「自由」としての平等にとどまりえない。実際、一七九一年、国民公会は、平等を富の平等と解釈してそれを追求した。これは九三年「テルミドールの反動」によって終ったが、国家による富の再分配という考えは残った。のちに、それはサン・シモン主義として支配的になる。一方、「友愛」は、フランス革命において、民族や言語を超えた「市民」の連帯を意味したが、ナポレオンの段階で、それはフランス国民という意味に転化していた。こうして、「自由・平等・友愛」の理念は、資本制＝ネーション＝ステートに転化したのである。

（同書　428－430ページ）

〈自由〉は資本の自由な動き、〈平等〉は再分配によって富の平等を差配する国家の機能。そして〈友愛〉は相互扶助的な感情を共有する共同体意識。フランス革命の後、ナポレオン一世は〈友愛〉を「フランス国民」におきかえて、国民皆兵をおこなったわけです。資本＝国家の危機のときには、必ずナショナリズム（ネーション）がもちだされます。

ただし、この資本＝ネーション＝ステートは、アーネスト・ゲルナーがいうように、未完成なものです。ある一つのナショナリズムが顕在化して形成されるときは、その約十倍の潜在体としてのナショナリズムがあります。だからこのネーション＝ステートは絶対に世界全体を満足させることができないという構成をもっているので、不安定なものです。この三位一体のシステムの解体は困難、さりとて新たに形成することも困難であり、安定したものでもない、ということもみておく必要があります。

社会主義も社会民主主義も解決とはならないのか？

柄谷さんは資本主義を停止させることができるのは何かについて、ここから消去法で展開します。まず消去されるのが、社会主義と社会民主主義です。

柄谷さんは、現代社会論でもっとも支持された社会主義者グラムシ（1891-1937）への批判を通して、従来の社会主義運動が、じつは三位一体化した「資本＝ネーション＝ステート」とまともに闘ったことがないばかりか、むしろナショナリズムの側に立って運動が展開されてきたことを指摘しています。さらに、俗論として展開される「グローバリゼーションという資本の自由な動きがネーションを消滅させる」というのもたわごとだと退けます。

そして、社会民主主義もしょせんは資本主義の一形態としてしりぞけます。つまり、柄谷さんの理論の実践的出口は、アソシエーションでしかあり得ないわけです。

私と柄谷さんの意見が大きく異なっているのはこの部分ですが、まず柄谷さんの考え方をみておきましょう。

資本主義のグローバル化の下に、国民国家が消滅するだろうという見通しがしばしば語られている。海外貿易による相互依存的な関係の網目が発達したため、もはや一国内での経済政策が以前ほど有効に機能しなくなったことは確かである。しかし、ステートやネーションがそれによって消滅することはない。たとえば、資本主義のグローバリゼーション（新自由主義）によって、各国の経済が圧迫されると、国家による保護（再分配）

を求め、また、ナショナルな文化的同一性や地域経済の保護といったものに向かう。資本への対抗が、同時に国家とネーション（共同体）への対抗でなければならない理由がここにある。資本制＝ネーション＝ステートは、三位一体であるがゆえに、強力なのである。そのどれかを否定しようとしても、結局、この環の中に回収されてしまうほかない。それは、それらがたんなる幻想ではなくて、それぞれ異なった「交換」原理に根ざしているからである。資本制経済について考えるとき、われわれは同時にそれとは別の原理に立つものとしてのネーションやステートを考慮しなければならない。いいかえれば、資本への対抗は同時にネーション＝ステートへの対抗でなければならない。その意味で、社会民主主義は、資本主義経済を超えるものではなくて、むしろ、資本制＝ネーション＝ステートが生き残るための最後の形態である。（同書　431－433ページ）

この社会民主主義にたいする規定にはまったく賛成です。

社会民主主義は、資本にたいする一定の抑制になりえたとしても、ネーション＝ステートと対抗しない点で、基本的にアソシエーショニズムと対立します。これもその通りだと思います。

ただし、私が強調したいのは、所与の条件のもとでは社会民主主義しか選択肢がないということです。それはアソシエーショニズムを唱える者が、具体的に現れるかたちで有効な統治可能なシステムを提示できていないからです。これは柄谷さん自身の課題でもあります。理想、理念はもっておかねばなりませんが、統整的（あるべき世界をめざす運動の過程）になっているということです。

柄谷さんの考え方に一番違和感があるのは、プラグマティズムにたいする評価が弱いことです。プラグマティズムでは、現実との間に架け橋がないときにはどうするかを課題にしますが、その意味で、じっさいの政治的ドクトリンを組み立てるときにアメリカ哲学は重要だと私は思います。

エコロジーと資本主義──人間と自然との関係

『トランスクリティーク』における柄谷さんの結論は、アソシエーションによる資本主義の克服、平和を維持する世界共和国の実現へという道筋になっているのですが、その前に解決しておくべき課題があります。

それは、資本がみずから作りだせない二つのもの、すなわち人間と自然が、資本主義の障壁となるかどうかという点です。

資本主義は、労働者（「労働力商品」）すなわち人間がいなければ成立しません。ところが資本は、人間を生産することはできません。そのような資本の限界は、じつは資本主義を限界づけるのではなく、資本主義に不可避的な不況や恐慌の原因そのものになります。恐慌がおきればリストラとイノベーションによって調整し、また資本主義はよみがえります。

興味深いのは自然の方です。マルクスは人間と自然との間に物質代謝、すなわち「交換」の関係をみていると柄谷さんは指摘します。

資本制貨幣経済は、自律的な力をもっている。だが、それはいかに全生産を覆おうと、ついに部分的で寄生的でしかない。それは自らが作り出せないもの、任意に処理できない「外部」をもっている、すなわち、土地（広義の自然環境）と労働力商品の担い手である人間である。そして、そこにこそ、国家とネーションがかかわっている。資本制市場経済は、人間と自然の「再生産」に関して、ネーション＝ステートの介入を不可欠とする。宇野弘蔵は、労働力商品を資本自身が作り出すことができないことに、資本制経済の「限界」を見いだしている。労働力商品はたんなる商品ではない。必要だからといって増やすことも、不要だからといって廃棄することもできない。（中略）同じことが環境問題についていえる。資本制生産は、ここ一世紀ほどのうちに、人類が長期にわたって形成し保持してきた農業的な自然環境の再生産（リサイクル）システムを解体してしまった。

その結果として、環境汚染がグローバルな規模で生じた。しかし、それをテクノロジーあるいは近代的「世界観」の問題としてみることは一面的な把握でしかない。そのような人たちはマルクスを、近代主義者として否定する。しかし、『資本論』のマルクスは、歴史を、人間と自然の関係、広い意味で「環境」の観点から見る視点を保持していた。

（前掲書　433－434ページ）

マルクス『資本論』と宇野弘蔵の『経済原論』がすぐれているところは、資本家が剰余価値を独り占めすることができず、剰余価値の一部を、必ず土地をもっている地主に渡さなくてはならない点に着目することです。

ここのところは、私はとても重要なポイントだと考えています。なぜなら、資本によっても労働によっても、土地――マルクスがいうところの土地とは水力や土地の豊度を含んだ概念で現代の言葉に言いかえると「環境」です――はつくりだすことができません。資本主義システムも環境に譲歩しなくてはならない、こういう組み立てです。したがって、エコロジー的な視座が『資本論』の論理のなかにあります。

柄谷さんは、マルクスの環境問題にたいする予言ともいえるつぎの言葉から説明します。

《資本主義的生産は、それによって大中心地に集積される都市人口がますます優勢になるとともに、一方では社会の歴史的動力を集積するが、他面では、人間と土地とのあいだの代謝を、すなわち人間が食料と衣料の形態で消費する土壌成分の土地への復帰を、したがって永続的土地豊度の永久的自然条件を攪乱する。かくして同時にそれは、都市労働者の肉体的健康と農村労働者の精神生活とを破壊する》（『資本論』第一巻第四篇第一四章第一〇節、向坂訳、同前）。

環境汚染に関して、これまでの自然を制覇する考え方を変えて「自然との共生」をとるべきだという人たちがいる。そのとき、前資本主義的生産様式の社会（農業共同体）が望ましいモデルとして評価される。しかし、それは先進産業国の人間のロマン派的な夢想にすぎない。現実の環境汚染の被害は、「自然との共生」にあった発展途上国において最も残酷にあらわれているからである。

（同書　434－435ページ）

柄谷さんの環境危機にたいする評価はその通りです。

資本制を維持するためには、環境保護を資本制システムのなかに包摂《ほうせつ》しなければなりません。そのために「環境」を旗印とする世界大戦もおこりかねず、「環境派」と称する人々もこの資本の仕掛ける戦争を支持することになるという予言です。この問題の解決はアソシエーションしかないと柄谷さんはいうのですが、しかし、アソシエーションが現実的に資本主義に取って代わる統治システムとして機能するのかどうかは、まだ、みえません。

官僚階級を踏み留まらせろ

しかし、官僚階級論という大きなテーマを考える場合、柄谷さんの分析はまったくそのとおりです。資本と国家が結合することによってネーション＝ステートになり、暴力の集約が進みます。国家に暴力が独占され、強大な暴力装置をもつに至っているわけです。だから過去のどの時代よりも、近代における官僚階級は暴力的です。実践的な課題からすると、夜警国家（国家の機能を軍事と治安・徴税の最小限にとどめる国家）は暴力的なわけです。

それをいかに空洞化させていくか。そのためには、国家にできるだけ社会福祉的な機能をもたせて、大きな国家にして、教育であるとか社会福祉を大切にして、どんどん大きくしていくわけです。そうすることによって、国家の中にある暴力性は希薄になります。その反対に、小さな政府をつくると、おしまいには軍隊と警察と外務省だけになって、そこに形ばかりの経済官庁があるという小さな国家は、もう暴力の固まりのようなものです。

日本のみならず世界をみても、後期資本主義をとっていた国々が、資本の運動の行き詰まりによって新自由主義と帝国主義の間を行ったりきたりのシーソーゲームをはじめました。

それをどのように脱構築するのかを考えなければなりません。

私は、その方向性は可能だと思います。なぜなら、そもそも後期資本主義が可能だったからです。

そうすると、実践的な指針としては、限りなくケインズ主義に近づきます。ケインズ主義的なものとミクロ経済学は新古典派ですから、発想としては、ミクロ経済学とマクロ経済学の統合をめざした新古典派総合ということになってきます。結局のところ、実践的指針はそのあたりに落ち着くのではと思います。

しかし新古典派総合のやり方にもって行くためには、ケインズ主義だけでは難しい。それは所与の条件が資本主義を前提としているからです。資本の論理からすればケインズ主義は絶対にマイナスだからです。

そこで逆説的ですが、資本にたいして決定的に統整的な理念であるアソシエーションをもってくる。「アソシエーションに到らないと人類は破滅する」と強く主張することです。

新自由主義と帝国主義を反復することになれば、とんでもない悲惨な状況になります。国家が公共事業としておこなうもっとも手っ取り早い方法は戦争です。そこにいかせないためには、資本主義の枠から飛び出した社会主義的な指針も含め、アソシエーション的な発想がある、ということをもっと主張することも必要です。

「資本を強く統制せよ」という議論がでてくれば、所与の条件のなかでつまるところ、支配階級から出てくるのは新古典派総合の発想だと思います。

知的再構築を急げ

いずれにせよ、いま必要なことは、新自由主義とかマネタリズムが、ひと言でいえばまったく知恵を使う必要のない知的に怠惰で劣化した思想だということの認識です。

重要なのは、知的な作業をきちんと行わなくてはならないということです。しかしそれはおそらく、持ち分からすると、私の仕事ではないと思います。そういう知的構築をすべき人、あるいはそれを促進すべき人は他にたくさんいます。

私の仕事は、そこで提示された構築主義的なものにたいして、構築主義ではこぼれが生じると指摘をしながら、異議申し立てをしていくという、いわば保守的な作業だと思っています。だからいまやっていることは、自分自身を右派とアイデンティファイしながら左派にも期待するわけですから、二重三重のねじれがあります。そのことが立場として伝わりにくいところだと思います。

ただ、まちがいなくいえるのは、左派構築主義的な発想でまともなものが出てこないと、右派思想にもまともなものは出てこないということです。そして、右派の側でやるべきことは、右派のなかに入っている稚拙な構築主義、たとえば「シナ人にこう言われたらこういい返せ完全マニュアル」みたいなものとか「在日特権」批判などについてきちんと整理しておくこと。こんなものに論壇への入場権はありません。ヒトラーの『わが闘争』が論壇に入場権がないのと同じように、入場権のない思想もあるわけです。

個人的になにをいうのも勝手だ、ということと、それを公共圏にもち出すことは別です。『嫌韓流』や公道でヘイトスピーチを声高に叫ぶ連中のマニュアルは、自由主義からいえば他者危害排除の原則に抵触するわけです。

結論からいえば、私自身は旧自由主義の視座に立ち、どのような方法で官僚批判や国家論を展開できるのかを考えています。旧自由主義とは、もちろん経済的自由主義ではなく、政治的自由主義の立場です。その立場で国家を擁護しながら後期資本主義に踏みとどまらせる、ということです。

近代は、官僚階級が、事実上の王権の位置にいるといってもいいでしょう。

政治制度や社会システムがより複雑になっているように見せかけて、官僚階級は市民との権力格差を拡大し、その力を行使しやすくしています。その官僚階級に、怠惰なマネタリズムや暴力的排外主義といった、人間にとってもっとも過酷な政策を選択させないことです。そのために、公共圏における議論のレベル、知的レベルを高めていくことが必要です。未来の構想は異なっているとしても、左右を問わず知識人がいま闘うべき相手は共通しているはずです。官僚階級と闘った偉大な先人に深く学ぶべきだと思っています。

官僚階級との喧嘩の仕方　あとがきにかえて

官僚階級のクーデターによる集団的自衛権の全面的行使

２０１５年９月19日、参議院本会議で安保法制が強行採決された。国会周辺では、安保法制に反対するデモが展開された。新聞を読んでいると、あたかも日本に政治の季節がやってきたように思えるが、政治がますます空虚になったというのが、私の率直な感想だ。

まず、今回の安保法案が採択されても、明日、戦争になるわけではない。戦争法案ならばもっと気合いが入っていて、わかりやすい内容になるはずだ。個別的自衛権と集団的自衛権には重複する部分がある。去年（２０１４年）７月１日の閣議決定では、これまで個別的自衛権で説明していた重複部分を、これからは集団的自衛権で説明することもあるということに過ぎなかった。

ところが、今年４月27日に米国ニューヨークで行われた日米安全保障協議委員会で、日米の外相・防衛省が改定に合意した「日米防衛協力のための指針（ガイドライン）」には、こう記されている。

〈相互の関係を深める世界において、日米両国は、アジア太平洋地域及びこれを越えた地域の平和、安全、安定及び経済的な繁栄の基盤を提供するため、パートナーと協力しつつ、主導的役割を果たす。半世紀をはるかに上回る間、日米両国は、世界の様々な地域における課題に対して実効的な解決策を実行するため協力してきた。

日米両政府の各々がアジア太平洋地域及びこれを越えた地域の平和及び安全のための国際的な活動に参加することを決定する場合、自衛隊及び米軍を含む日米両政府は、適切なときは、次に示す活動等において、相互に及びパートナーと緊密に協力する。この協力はまた、日米両国の平和及び安全に寄与する。〉

「アジア太平洋地域及びこれを越えた地域」とは、全世界のことだ。外務官僚は、この合意を根拠に、集団的自衛権を去年7月1日の閣議決定よりも拡大して適用することを画策した。まさに官僚階級が、閣議決定の内容を実質的に転覆《てんぷく》させたクーデターだ。その結果、わけのわからない法案ができた。

今回の法案の本質は、日米同盟が戦後の國體《こくたい》と確信している外務官僚が、頭の回転があまり速くない自民党の政治家たちをうまく操って想いを遂《と》げたということだ。官僚階級の勝利といえよう。もっとも法案自体には、創価学会を支持母体とする公明党がさまざまな地雷を埋め込んでいるので、じっさいに有事になったときは、議論がもう一度、ゼロからやりなおしになることは確実だ。外交安全保障政策で公明党の影響力がかつてなく大きくなったことが、一連の騒動で、外交のプロの目には明らかになった。

国会デモに参集した学生たちは、大学の授業やアルバイトなど日常の学生生活では知り合うことができない有識者や芸能人、政治家と面識を得ることができた。国会デモは当事者にとっては大きな意味があったのであろうが、これで政治が変わることはないという覚めた見方を私はしている。官僚階級に打撃を与えるためには、個別の事象を専門家的知見を生かして攻めることが効果的だ。真理は具体的なので、最近の日露関係をとりあげてみよう。

北方領土交渉の頓挫

2015年9月21日、ロシアのモスクワを訪れている岸田文雄外相が、セルゲイ・ラブロフ外相と会談した。

〈会談後ラブロフ氏は「北方領土問題については協議しなかった。協議したのは、平和条約締結問題だ」と述べ、日本と北方領土交渉を行うことを拒否する姿勢を鮮明にした。／ラブロフ氏は「ロシア側のアプローチは、日本が第2次大戦後の歴史の現実と国連憲章を受け入れることが問題の前進のために不可欠だということだ」と述べた。第2次大戦の結果、北方四島はロシアのものとなり、敗戦国の日本に異議を唱える資格はない、という強硬な主張だ。「平和条約交渉とは、領土問題をめぐる交渉のことだ」という日本の立場を否定したとみられる。／日本側が年内の実現を目指しているプーチン大統領の訪日日程も決まらなかった。〉（9月23日「朝日新聞デジタル」）

ラブロフ外相は、第二次世界大戦の敗戦国であった日本は、連合国の一員であったソ連が獲得した北方四島について云々する資格はないという強圧的姿勢を取っている。

1993年10月の東京宣言で、細川護熙《もりひろ》首相とエリツィン大統領は、歯舞《はぼまい》群島、色丹《しこたん》島、国後《くなしり》島、択捉《えとろふ》島の名称を明示し、これら北方四島の帰属にかんする問題を解決して、平和条約を締結することに合意した。四島の帰属にかんする問題の解決には、論理的に考えると、日4露0、日3露1、日2ロシア2、日1露3、日0露4の5通りの可能性がある。ロシア側が、東京宣言に従って、4島すべてがロシア領であるという主張を展開することは可能だ。しかし、北方領土問題にかんする協議そのものを拒否することは、東京宣言に違反する。

さらに2001年3月のイルクーツク声明で、東京宣言の有効性をプーチン大統領と森喜《よし》朗《ろう》首相が明示的に確認している。今回のラブロフ外相の発言は、プーチン大統領の従来の発言とも齟齬《そご》を来たす。

日本のコウモリ外交にプーチンの怒り

首相官邸や外務省の一部には、プーチン大統領の政治決断で北方領土交渉が進むという希望的観測をもっている人がいるようだが、それは幻想だ。プーチンの対日観は、変化した。安倍政権がG7の一員として、ウクライナ問題をめぐる対露制裁に参加しつつ、同時にロシアとの対決を避けるというコウモリ外交を展開していた。しかし、6月に安倍首相がウクライナを訪問し、2310億円の支援にコミットし、ロシアとの外交を「対話と圧力」、すなわち対北朝鮮外交と同じスタンスで進めると公言したことにより、プーチンは安倍政権と本気で北方領土交渉に取り組む意思をなくしたと私は見ている。その証拠を挙げる。

〈ロシアのプーチン大統領は2日、東シベリア・ザバイカル地方のチタを訪れ、第二次大戦の犠牲者の記念碑に献花した。／ロシア極東のシベリアではこの日、第二次大戦終結70年を祝う事実上の対日戦勝記念式典が行われ、軍人や各種兵器によるパレードが実施された。シベリアで行われた式典に国家元首が参加するのは初めてとみられる。プーチン氏はパレードには出席しなかったが、献花をすることで住民の愛国心を鼓舞する狙いがあったとみられる。／現地報道によると、プーチン氏は地元住民らと握手を交わし、住民らは涙を浮かべていたという。〉（9月2日「産経ニュース」）

ソ連のスターリン首相は、東京湾の米戦艦ミズーリ号上で日本が降伏文書に署名した1945年9月2日に行ったラジオ演説で、〈1904年の日露戦争でのロシア軍隊の敗北は国民の意識に重苦しい思い出をのこした。この敗北はわが国に汚点を印した。わが国民は、日本が粉砕され、汚点が一掃される日がくることを信じ、そして待っていた。40年間、われわれ古い世代のものはこの日を待っていた。そして、ここにその日はおとずれた。きょう、日本は敗北を認め、無条件降伏文書に署名した。／このことは、南樺太と千島列島がソ連邦にうつり、そして今後はこれがソ連邦を大洋から切りはなす手段、わが極東にたいする日本の攻撃基地としてではなくて、わがソ連邦を大洋と直接にむすびつける手段、日本の侵略からわが国を防衛する基地として役だつようになるということを意味している。〉（独立行政法人北方領土問題対策協会HP）と述べた。

2010年、ロシア政府は9月2日を「第2次世界大戦終結の日」に定め、毎年、シベリアや極東の各地で記念式典を開いている。しかし、これまでプーチンが、この記念行事に参加したことはなかった。今回、日本のシベリア出兵の舞台となったチタで、軍事パレードの観閲は行わなかったとはいえ、対日戦勝記念行事に参加することで、プーチン大統領は、第二次世界大戦をめぐる歴史認識についてスターリン主義に回帰した。この事実は、プーチンは対日関係改善の意欲をなくしつつあることを如実に示すものだ。

シリア情勢をめぐるアメリカとロシアの軋轢

同盟国の米国も、日露接近を警戒している。〈米国務省のトナー副報道官は22日の記者会見で、日本政府がロシアのプーチン大統領の年内訪日で調整していることについて、ロシアがウクライナ東部で武装勢力への支援を続けていることを念頭に「ロシアと〝通常通りの仕事〟をするときではない」として日本に慎重な対応を求めた。／岸田文雄外相がプーチン氏訪日に向け、モスクワでラブロフ外相と会談したことに関しては「何のための（ロシア）訪問かは知らない」と述べた。〉（9月23日「共同通信」）。

9月中旬以後、米露関係が急速に悪化している。それはシリア情勢に関連している。

9月15日、米国のケリー国務長官がロシアのラブロフ外相と電話で会談し、軍事支援は「シリア内戦を悪化させ、過激派との戦いを弱体化させている」と非難した。このような事態になる引き金を引いたのはロシアだ。〈ロシア外務省のボグダノフ外務次官は8日、シリア政府軍がロシア製兵器の運用技術を習得するために、ロシアから多数の軍事専門家がシリアに派遣されていると明らかにした、とインタファクス通信が伝えた。／ボグダノフ氏は、ロシアは契約に従いシリア側に武器を供給しており、政府軍がその運用に習熟するために「多くの装備や専門家を現地に送る必要がある」と主張した。またこれらの動きは「国際法に厳格にのっとっている」とも述べた。〉（9月9日「産経ニュース」）。

テロとの戦いという口実で、ロシアはシリアに対する軍事介入を本格化している。〈ロシア軍が、内戦の続くシリアでアサド政権軍を支援するため、戦闘に加わったことが分かった。／ロシア軍のシリア内戦への関与拡大は米国が懸念する事態。ただ、レバノンの関係筋によると、戦闘に参加しているロシア軍兵士は、今のところ少人数だという。／複数の米当局者は、ロシアが最近シリアに戦車揚陸艦2隻や輸送機などを派遣し、少数の海軍歩兵部隊も派遣されたと述べた。ロシア側の意図は不明だという。／しかし、米当局者の1人は、シリアのアサド大統領の拠点である港町ラタキア近郊で航空基地を整備しているのではないかとの見方を示した。この基地が出撃拠点となる可能性があり、米当局者もその可能性を否定しなかった。〉（9月9日「ロイター」）。

とくに深刻なのは、ロシアがシリア軍に最新の近距離対空防御システム（高射ミサイル砲複合体）「パンツィーリ（ロシア語で鎧を意味する）S1」（NATOコードネームでは、SA－22グレイハウンド）を供与したことだ。この兵器は、有人、無人を問わず固定翼機、回転翼機、精密誘導爆弾や巡航ミサイル、弾道ミサイルをも迎撃することができる。航空目標だけではなく、軽装甲車両などの地上目標も撃破可能だ。シリア兵がこのシステムを運営することはできないので、ロシア兵が実際には戦闘に従事している。ロシアによる軍事支援の結果、「イスラム国」（ＩＳ）と反政権のシリア自由軍による二正面作戦を強いられ、権力基盤が脆弱になっていたアサド政権が態勢を建て直しつつある。パンツィーリＳ１の配備によって、シリア軍は米軍の空爆に対抗することが可能になった。

このようなロシアのアサド政権に対する露骨な梃子《てこ》入れに対して、米国は反発を強めている。米国は外交ルートを通じてもロシアを非難している。〈オバマ米政権は、ロシアがシリアのアサド政権への軍事支援強化に乗り出したことで、ウクライナ情勢をめぐり顕著になった対露脅威の認識を増幅させている。シリア情勢を一段と複雑化させるばかりか、「米国に対する挑戦」とも受け止めているためだ。／オバマ政権は、シリアに装備や要員などを輸送するロシア機の上空通過を許可しないよう、周辺国に働きかけている。／これと並行して、ケリー国務長官が15日、ロシアのラブロフ外相と電話で会談し、軍事支援は「シリア内戦を悪化させ、過激派との戦いを弱体化させている」と非難するなど、阻止に躍起だ。〉（9月16日「産経ニュース」）

シリア難民問題の歴史的背景

ロシアがシリアに対する軍事介入を強化している背景には、シリアからヨーロッパへの難民流出が深刻な問題になっていることがある。

第二次世界大戦後、ソ連の占領下に置かれた中東欧諸国に社会主義体制が成立し、大量の難民が発生したとき以来の深刻な難民問題にヨーロッパは直面している。西欧諸国のみならず、トルコ、湾岸諸国、カナダ、中南米諸国などもシリア難民を積極的に受けいれる姿勢を示している。これらの諸国と一線を画しているのがイランとロシアだ。イランは、シリア難民をまったく受けいれていない。もっともシリア難民のほとんどは、スンニ派で、シリアのアサド政権の圧政から逃れるために難民となった。アサド政権を全面的に支援するイランに逃れたとしても、シリアに強制送還されるだけだ。従って、自らの身に危険を招くことが確実なイランに逃げようとするシリア人はいない。

シリアには、十九世紀後半に帝政ロシアの支配を嫌い、北コーカサスから当時、オスマン帝国の版図であったシリアに移住したチェチェン人、チェルケス人が数万人居住している。これらの人々が難民となり、親戚縁者を頼ってロシアに流入することをプーチン政権は警戒している。アサド政権を支援し、安定させることで、難民の流出を防ぐことが国益に適うとロシア政府は考えている。イランは、シリア、レバノンにたいする影響力を拡大する目的でアサド政権を支持している。米国は、ロシアとイランが提携してアサド政権に梃子入れすることを警戒しているが、事態はその方向に向けて進んでいる。

日露、日米外交は八方塞がり

冒頭でのべた岸田外相の訪露が公式に発表された9月18日に、ロシア外務省は声明を発表し、〈日露の外相会談では北方領土問題が最大のテーマとなる。ロシア外務省は「日本が戦後の歴史の現実を認めなければ、この問題で前進することはできない」と指摘し、領土問題での厳しい立場を示した。また、ロシアと日本の関係について「ウクライナ情勢を巡り日本がロシアに対する西側の制裁に加わったことで両国関係の雰囲気がひどく損なわれた」と日本を批判した。〉（9月19日「YOMIURI INLINE」）。

このことは、このモルグロフ外務次官発言のスタンスが、北方領土問題に関するロシアの基本方針であることを示している。

日米関係を悪化させ、しかも北方領土交渉の前進も期待できない状況で、安倍晋三首相と外務省は、いかなる勝算があってこのタイミングで日露外相会談を行ったのであろうか理解に苦しむ。おそらく、場当たり的な外交に終始し、中東情勢、米露関係、日米関係、北方領土交渉の相互連関がわからないのであろう。安保法案の強行採決で、安倍内閣にたいする支持率が低下した。中国の景気後退の影響を受け、株価も乱高下している。このような状況で、安倍政権は外交で成果を上げ、政権を浮揚させることを考えているのであろう。安倍政権が最重要課題とした北朝鮮による拉致問題の解決については、まったく展望が見えない。そのような状況で、対ロシア外交の可能性が首相官邸には実態よりもかなり大きく見えているのであろう。しかし、主観的願望で客観情勢が変化することはない。岸田外相は訪露すべきでなかった。

こういう批判は、外務官僚の腹にこたえる。

本書を上梓するに当たっては、にんげん出版の小林健治社長、編集者の多井みゆき氏にたいへんにお世話になりました。深く感謝申し上げます。

2015年9月25日、沖縄県那覇市にて、

佐藤　優

著者紹介／**佐藤 優**（さとう　まさる）

作家・元外務省主任分析官。1960年生まれ。

同志社大学大学院神学研究課終了後、外務省入省。

在英国日本国大使館、在ロシア連邦日本国大使館に勤務後、対ロシア外交の最前線で活躍。2002年、背任と偽計業務妨害罪で東京地検特捜部に逮捕・起訴され、09年執行猶予付き有罪判決が確定し、刑の言い渡しが効力を失った。

『国家の罠』『自壊する帝国』『国家の崩壊』（宮崎学との共著）『沖縄・久米島から日本国家を読み解く』『いま生きる「資本論」』『はじめてのマルクス』（鎌倉孝夫との共著）など多数。

モナド新書 010

官僚階級論
——霞が関といかに闘うか

2015年10月31日　　初版第一刷発行

著　者　佐藤優
発　行　株式会社にんげん出版
〒101-0051
東京都千代田区神田神保町2-12　綿徳ビル201
Tel 03-3222-2655　Fax 03-3222-2078
http://ningenshuppan.com/

装丁・本文組版　板谷成雄
印刷・製本　萩原印刷㈱

ISBN 978-4-931344-41-9　C0230

モナド新書の刊行に際して

「なぜ私はここにいるのか？」自分にそう問いかけて、たしかな答えを返せる人はいないだろう。人は誰しも生まれ落ちる時と場所を選べず、そのときどきの選択とあまたの偶然に導かれて今ここに至っているにすぎないからだ。つまり私たちは必然的な存在ではない。にもかかわらず、こうなるしかなかったという意味で、私は世界で唯一の存在である。

そのようにして在るかけがえのない〈私〉は、ライプニッツのいうモナドとしてとらえることができよう。ところがモナドには窓がないという。そのため、たがいの魂を直接ふれあわせることはできず、それぞれが孤立したまま活動を続けていくしかないのだと、ライプニッツはわれわれを突き放す。それでもモナドは自らの経験を捉えなおそうとして言葉を表出する。言葉は頭の中にものを考えるリズム感覚と広い空間を作り出し、モナドはたがいが表出した言葉を介して交流してゆく。

ここにモナド新書として刊行される書物たちもまた、孤独な歩みのうちに自らを鍛え、掘り下げられた言葉によって人々につながろうと意欲するものである。ただし、つながることイコール融和ではない。対立や矛盾を包み込むのではなく、読者を個別に状況に突き返し、そこでの闘いを励ますためにこそモナド新書は編まれる。

モナド新書　好評既刊

001 **楽しい騙しのインテリジェンス?**
マリック直伝!　サギのイロハと撃退法
伊東　乾
人はなぜ騙されるのか?　東大准教授・伊東乾がMr.マリックと解き明かす騙しのテクニック
定価840円+税

002 **部落差別の謎を解く**　キヨメとケガレ
川元祥一
部落差別の淵源は死を怖れるケガレ意識にあった。「日本最大のタブー」の謎を解く!
定価840円+税

003 **日本共産党vs.部落解放同盟**
筆坂秀世＋宮崎学
蜜月から暴力的対立にいたった深層とは?　日本の社会運動のありかたをめぐって議論を戦わす
定価940円+税

004 **アナキズムの再生**
大窪一志
世界史がつげる「近代の終わり」をいかに超克するか。アナキズムの父プルードンの説く相互扶助からの出発
定価1200円+税

005 **沖縄に海兵隊はいらない!**
高野　孟
辺野古基地建設強行は沖縄差別だ。沖縄はもちろん日本に米軍基地は不要という著者が〝抑止力〟の罠を解く。
定価940円+税

006 **橋下徹現象と部落差別**
宮崎学＋小林健治
週刊朝日差別事件はなぜ起きたのか。部落問題とは何か。橋下徹氏への差別キャンペーンを徹底批判
定価940円+税

007 **橋下維新の挑戦とアンシャン・レジーム**
宮崎　学
危機に瀕する政治を超えるカギは地方分権にある。橋下「大阪維新」は地方分権改革の初心を貫け!!
定価940円+税

008 **ドン小西のファッション哲学講義ノート**
ドン小西
ファッションはその人の内面と精神を映しだす鏡。哲学としてのファッション入門書の決定版!!
定価920円+税

009 **うつになる職場　ならない職場**
香山リカのメンタルヘルス
香山リカ
精神科医からみた職場のうつ病。明日から始めるメンタルヘルス対策アクションガイド。
定価800円+税